法蘭西驚豔

陳三井 著

自序

法蘭西驚艷

　　巴黎曾是多少騷人墨客吟詠，多少文豪大師謳歌頌讚的天堂樂園，又是多少異鄉遊子夢寐以求的人間仙境；她也是我年輕時代念書、打工、結婚生子的過客之地。在這兒，從聖修比士廣場（place de St.-Sulpice）到索爾本那（Sorbonne，即巴黎大學），無論夏日或寒冬，都曾留下我風塵僕僕的腳印；從李希留街（rue Richelieu）的國家圖書館到奧塞河堤（quai d'Orsay，指外交部）的檔案室，都印刻著我埋首故紙堆的紀錄。

　　法文是我的第一外語，法國文化也一直是我吸取知識的泉源，法國檔案資料和專書論文，更是我眾多課題得以產出（out-put）的主要憑藉。難怪在我屆齡退休時，近代史研究所贈送給我的紀念牌，上面鑲金字寫的是：「曾取塞納河中水，來灌南港史苑花」，雖然稍嫌樸素俗氣，但卻十分寫實。

　　今年筆者已屆古稀之年，回首前塵，前後至少到過法國八次，因此，對巴黎居有很多酸甜苦辣、百味雜陳的回憶，對法國的一草一木也有很深的懷念。尤其對法國和法國文化，我一直懷著感恩的心情。對法國師友（包括旅法的華人朋友）帶給我的種種幫助和熱情關懷，

筆者更是點滴在心頭，感激不已！

收在本書的這些文章，有的是二、三十年前的舊作，也有的是最近才完成的新作，大致類分為法國風情、華人風采、學苑風華三輯，連附錄共十八篇，它們曾先後發表在《自由談》、《漢學研究通訊》、《近代中國》、《僑協雜誌》、《南洋學報》等刊物。藉此機會對這些刊物的厚愛，表示個人由衷的謝意。也希望透過這本小書，把個人一些微不足道的「法國經驗」呈現給讀者，並與親朋好友共同分享！

陳三井　於台北南港

2007年11月26日

目錄

輯二：華人風采篇

輯三：學苑風華篇

羅浮博物館

巴黎漢學研究所的漢學研究 137

輯一

法國風情篇

花都巴黎新貌

人生當中，能有機會一遊再遊浪漫多姿的花都巴黎，該是一件多麼愜意的事情！緣份加上造化，使我宿願得償，再度光臨舊地，重踏著盧森堡公園的遍地落葉，撿拾一點片段的回憶；復躑躅於塞納河畔，傾聽那「浪淘盡，千古風流人物」的嘆息！

戴高樂機場雄姿

幾年不見，就像一位善於變換時裝的少女一樣，巴黎在外表上也有很大的改變。但總的說來，這些改變毋寧比較偏向物質和機械層次，雖然看起來新鮮，但仍令人有一種陌生的感覺，更像法國人的恬淡冷漠！

不管是觀光新客或舊地重遊的過來人，剛一踏進法國國門，第一個接觸的多半是戴高樂機場。戴高樂機場位於巴黎北郊華西（Roissy）地方，距巴黎有三十公里，機場占地約三千公頃，比紐約甘迺迪機場的兩千公

魏峨壯觀的渥利機場

頃，巴黎南郊渥利（Orly）機場的一千五百公頃還要大！再加上它分為第一和第二兩個機場，更易使陌生旅客有茫然不知所從的感覺。

這個號稱世界上占地最廣的大機場，係於一九六六年動工興建，第一機場於一九七四年三月完工啟用，第二機場則遲至一九八一年始次第完成，陸續啟用。自新機場完工使用後，正逐漸發揮載客與貨運功能，以一九七九年為例，巴黎機場（加上渥利與布爾傑兩機場）的載客數排名歐洲第二（二千五百萬人以上，僅次於倫敦），載貨量居第三位（五十五萬七千噸，僅次於倫敦、法蘭克福）。

戴高樂機場與桃園中正國際機場一樣，最大的方便就是旅客可以直接上下飛機，不必用巴士接送，而且走道更短進出很快。不過，據我這個外行的旅客看來，它的設計雖新穎，但仍有美中不足之處。那就是出口處與進口處不夠寬敞，而且沒有很好的劃分，遇人多或班機同時抵達時，很容易形成擁擠混亂現象，就像當年的松山機場一樣。

　　除機場外，尚有一項交通新獻，值得附帶一提。那就是從巴黎北站闢有郊區快速火車（R.E.R.）直通華西火車站，時間大約二十分鐘，票價只要18法郎左右，這是巴黎到機場間最經濟快速而又舒適的交通工具。出了華西火車站，另備有一種名叫Navette的巴士，每隔數分鐘一班，穿梭於兩個機場之間，免費搭載旅客與行李，尚稱方便。

龐畢度魅力又增

　　戴高樂死後，法國人把凱旋門附近的眾星廣場（Place des Etoiles）改名為戴高樂廣場來紀念他，現在加上一個戴高樂機場，也足夠讓這位予智自雄的歷史人物留芳千古了。繼起的龐畢度（G. Pompidou）總統在他與世長辭之後，擁有一個文化中心，身後也頗不寂寞！

　　龐畢度文化中心，一稱波堡中心（Centre Beaubourg），完工於一九七七年，是兩位名建築師羅傑（Richard Rogers）與皮亞諾（Renzo Piano）的新潮派創作。整幢建築完全以鋼架鐵管，玻璃等物組合而成，不用一磚一瓦或水泥細砂等傳統建築材料。它的外表看起來像軍艦，又像工廠，顏色昏暗，實在不美觀；但與附近中央市場（Les Halles）改建現代購物中心，在景觀上形成絕配，而成為巴黎的一個新觀光區。

　　就內部結構而言，龐畢度文化中心的另一特色，就是把一切會占據空間的升降機、滾動電梯、水管、瓦斯管與通風設備等一概放在外頭，故內部看來特別寬敞、清楚，令人一無壓迫感！進了大門，一眼可以在空曠的大廳中瞥見一幅很特別的「畫」，那是由許多菱形白色

薄片拼湊而成的龐畢度畫像，雖象徵多於寫實，但仍覺維妙維肖。

　　該文化中心共分五層，內有國立現代藝術館、圖書館、展示室、閱覽室等各種部門，充分發揮社教功能，使一般市民也可以無須任何證件而與現代各種知識工具親近。以二樓圖書館中的視聽館為例，該館提供八十四種語言的學習方法及教材，而且完全免費。據估計，每天到這個視廳館來學語文的，超過六百人，故座位常滿，需排隊一個多小時才能進入。視聽館並不設語言教師，但有專家介紹學習某種語言的各種方法（包括讀本、錄音帶、唱片等），館內有六十個耳機的座位，可以一邊聽錄音帶，一邊看讀本。另外還有配合電視影片的教學法和使用錄影帶的視聽教學系統。視聽館並有原文發音的舞台劇、歌曲、演講、紀錄片和劇情片。

　　龐畢度文化中心的吸引人處，還在它館外的廣場。廣場與建築平行，占地較小，成斜坡狀，現已成為街頭賣藝人的天下。但見人群東一簇，西一堆，圍

電梯、水管外露，像工廠的龐畢度文化中心

龐畢度中心內部

著看熱鬧，其中有變魔術的，有玩西洋景的，有吞火弄刀的，有賣唱耍寶的，無奇不有，人堆有大有小，全看叫座力而定，觀眾多半是能與他們起共鳴的年輕男女。自文化中心落成後，拉丁區的觀光人潮已逐漸轉移，尤其到了夏天，這裡更是他們盡情歌唱、放浪形骸、流連忘返的好去處。

地下鐵全部自動

巴黎地下火車設計之周密，指示牌之清晰，乘坐之舒適方便，是世界有名的。雖然它已快有一百年的歷史，但好動腦筋的法國人仍一直挖空心思，讓它精益求精，不斷更新進步。幾年不見，除了發現地下鐵之車廂內部更講究，外觀更漂亮外，最令人印象深刻的，就是它的全面自動化，機器全部代替了人工。

除南北東西各有一條貫穿全市的郊區快速火車線外，全巴黎共有十三條地下鐵，交織成網狀，乘坐十分方便。如今，每一個地下火車站的進出口，已全部機器自動化，看不到一個剪票員或收票員。乘客不管是持橘卡（Carte Orange，指週票或月卡，視乘坐區域大小計費，可以不限次數乘用），星期週票或普通回數票，機器都能照單驗戳放行，絲毫無誤。一般車站窗口，只做售票服務。在郊區快速火車線上的一些車站，甚至全部改用機器售票，機器兌換零錢，有時窗口看不到一個人影。

同樣是機器把關，喜歡變化的法國人在這方面也花樣百出，匠心獨具，發明各種不同的玩意來戲耍旅客。最常見通用的一種，就是三

巴黎地鐵進口一景

叉橫桿。當束票從一列機器柵欄的個別細縫中塞進後會從前面洞口自動跑出，並出現一個小圓形指示牌，要你把票抽起，這時身體跟著一用力，橫桿即往前推進一格，人也同時過關。切不可票未拿起，先想推動橫桿，那是白費氣力的。如果你的票不對（使用過或越區乘坐），則洞口會出現紅色小圓形指示牌，同時有「嗶嗶」的聲音發出，就像警鈴一樣，讓你有作賊心虛的感覺。另外一種是門扇形，多半設置於大站轉車處。把票一遞進，擋在關卡前面的兩扇門會自動往左右分開收縮，正好足夠讓一個人的軀體擦身而過。反正，你有票，它就退避三舍。第三種是打狗槌，也多設於歌劇院等大站轉車處。有時，眼見關卡上無障礙物，心裡不防，即大踏步前進，不意行到中間，機關震動，突然出現打狗槌，打得你大腿疼痛難當。所以，巴黎地下鐵在全面自動化下，你必須經常掏口袋，隨時一票在手。有票，即可暢行無

阻；無票，則寸步難行。機器雖然無情而又令人討厭，但卻是維持一個進步社會所不可少的工具。

街頭設備展新貌

　　十年前，巴黎街頭很少看到公共電話亭，想打電話，在市區就得進附近咖啡館，被兼看管廁所的老太太剝削；要打長途必得到電信局忍受無情宰割，怪麻煩又十分不方便。我在《法國漫談》一書中曾提到，過去法國電話設施之陳舊，擁有電話家庭比率之低，申請新設電話之不易，在在都是有目共睹的事實。曾幾何時，法國在這方面有很大的進步，幾乎從大城到小鎮，街頭處處矗立著最現代化的公共電話設備。

　　這種電話裝置的最大優點，就是無論何時，都可以用投幣的方式，透過衛星傳播，不但可與法國全國各地撥號聯繫，且可與世界各國直接通話，無遠弗屆，既快速方便，而又價錢公道。當你客居異地，思鄉情濃時，只要上街進亭撥出00-886-2，再加上台北當地的電話號碼，花費一、二十法郎，即可與台北親友稍敘舊情，或作一些重要交代。唯一稍感不便的是兩地七小時的時差。不管如何，身歷其聲的當面對話，總比曠日持久的魚雁往返，要合乎現代工業社會的需求。走筆至此，不得不感嘆科技進步對人類所作的偉大貢獻！

　　同樣一個電話亭，喜歡求變求新的法國人也把它當藝術品設計，絕不千篇一律。除了老式那種單門獨戶型可以不談外，最常見的有兩種，即雙拼式與鼎立式。雙拼式有兩座通話機，可以同時容納兩人打

電話，但彼此只見其人不聞其聲。鼎立式則是三門三座，更為壯觀。不管是雙拼式或鼎立式，四周都是大而長的落地透明玻璃，既美觀又大方。有時在白色透明玻璃上方，加漆兩長條蔚藍的顏色，格外顯得高雅清新。在巴黎，這些大小不同、型式有別的公共電話亭滿布街頭，不但不會讓人有不調和的感覺，反而耳目一新！

　　一方面追求物質文明的進步和科技的現代化，一方面尚能兼顧傳統，保有文化的遺產，這就是法國，這就是花都巴黎所展現的新貌！

（原載《自由談》，第 34 卷 3 期，頁 8-9，民國 72 年 3 月）

巴黎大學城素描

巴黎大學城（Cite Universitaire de Paris）是巴黎的仙鄉勝景，拉丁區的世外桃源，除了欣賞各國館舍建築的新舊雜陳及園林之勝外，還可以看到來自世界一百多個國家的人種大集合。時間充裕的觀光客不妨到此作半日遊，出國考察文教工作的官員、民意代表或學者教授們，更不能不登堂入室，對它做一番巡禮。

大學城緣起與特色

　　一般而言，法國大學只設圓形劇場式的大講堂、小討論室、圖書館、實驗室等純求知性的場所，而少有可以散步或略舒筋骨的校園或運動場，舉凡用膳、住宿也都在外面，這是它與美國、台灣等地大學的不同之處，這也是它必須另設大學城的緣起。

　　大學城的設立，至少都具有雙重目標：第一、它是慈善性的，建得廣廈美屋千萬

間，以最低廉的收費為數以萬計的法國外省學生及各國留學巴黎的莘莘學子，解決求知以外的食宿、運動以及休閒等問題，所以這是人道主義與博愛精神的高度表現。第二、它是教育性的，旨在透過千萬不同國籍、不同膚色、不同語言、不同文化背景之學生的接觸與共同生活，消除彼此之隔閡與歧視，促進相互的認識和瞭解，並培養一種互助互諒的高尚情操，為未來世界和平做一種奠基工作。

大學城雄偉的大門

大學城示意圖

大學城原由軍營改建，後來在政府收購土地、私人捐資雙管並重下，不斷擴充，乃有今日的規模。法國國會議員兼教育部長奧諾哈（Andre Honnorat, 1868-1950）的鼓吹提倡，巴黎大學區校長阿貝勒（Paul Appell）的鼎力協助，工業鉅子拉墨特（Emile Deutsch de la Meurthe, 1847-1924）的首先捐資響應，使得大學城的理想終告實現。這些創造大學城的歷史人物，城裡都塑有雕像以紀念他們，俾後世永久景仰！

巴黎是國際性都市，巴黎大學城之

所以與眾不同，在於它的大部分館舍都是由各國政府所捐建的，目前的住客也以外國籍學生為主，所以它是名符其實的國際館（Cite internationale）。大學城的骨幹，當然是各國、各種基金會以及若干熱心人士所捐建的館舍，自1925年第一個館——拉墨特館完成以來，目前將近有四十個館舍左右。若按地區分，可列舉如下：

歐洲：比利時、英國（英法會館）、德國、瑞士、丹麥、瑞典、挪威、荷蘭、西班牙、葡萄牙、義大利、希臘、摩納哥等十三館。

美洲：加拿大、美國、阿根廷、巴西、墨西哥、古巴等六館。

亞洲：日本、印度、東南亞、高棉（已關閉）等四館。

非洲：突尼西亞、摩洛哥、非洲（Residence Lucien Paye）等三館。

中東：黎巴嫩、伊朗、亞美尼亞等三館。

法國地主國：拉墨特、奧諾哈（Pavillon A. Honnorat）、維多‧里昂

鼓吹建城的奧諾哈部長塑像

捐資響應的工業鉅子拉墨特

國際館前筆者夫婦合影

具歐洲風味的比利時館

像教堂的西班牙館

像佛寺的日本館

（Victor-Lyon）、技藝（Arts et Metiers）、食品農業（Industrie Agricole et Alimentaire）、農藝（Agronomique）、法國外省（Province de France）等七館。

　　大學城的最大特色是各館建築的型式新舊雜陳，傳統與現代並列，各有千秋。除伊朗館為超現實設計（第四段另談）外，其中如英國館、比利時館、挪威館、法國外省館等的建築都是古色古香，別具歐洲風味；西班牙館像中古哥德式教堂，希臘館有巴特農神廟的雄偉；日本館似京都的佛寺，東南亞館

如亞洲常見的廟宇，高棉館可以比擬宮殿。此外像摩納哥館、古巴館也均有它特殊的風格與神韻。不過，也有不足道哉的館舍，像一座普通住宅公寓的墨西哥館、印度館、巴西館與黎巴嫩館。

在1930年左右，中國館呼之欲出，當時法國政府已經提供了地點，並由里昂中法大學攻讀建築的學生虞炳烈設計了一座擁有二百五十個房間、五層宮殿式建築的藍圖，可惜後來因人為的因素與財源的問題而流產了，使得數以千計的中國留學生至今仍寄人籬下，沒有一個可以「賓至如歸」屬於中國學生自己之家。

大學城的另一個特色是占地廣闊，共約四十公頃左右，幾乎占據了整條若丹林蔭大道（Boulevard Jourdan）。城內遍植各種花木，綠草如茵，風景優美，散步其中，確實令人俗慮全消，有心曠神怡之感。此外，田徑場、足球場、籃球場、橄欖球場等應有盡有，尤其八座紅土網球場設備之佳，令人羨慕並技癢！

比擬宮殿的高棉館

類似一般公寓的印度館

綠草如茵的大學城

大學城風景優美不遜公園

　　大學城既有公園之美，復具運動場的功能，因此常見男女老少，不論晨昏，不分晴雨，或單人獨馬，或三五成群，在園內曲徑或通道上慢跑，步伐快慢有節奏，為寧靜的校園平添一股生命的活力。尤其一到有陽光的春天或夏日，如茵的草地上更是青春健美女郎行日光浴的絕妙場所，真是「春色滿園關不住」，為原已夠多采多姿的大學城更增一番風光！

國際館五臟俱全

國際館（Maison Internationale）位於大學城正中央，是一幢占地最廣（除拉墨特館外）、最氣派壯觀的建築。一踏進大學城半圓形拱門後，就可以欣賞到它那尖形屋頂、高聳煙囪、佈局整齊對稱類似文藝復興式建築的古典風貌。該館由美國工業鉅子洛克斐勒（John D. Rockfeller, 1839-1937）於1936年捐款興建，故館前特闢有一條洛克斐勒路以資紀念。

國際館可以說是大學城的總樞紐，也是各國學生聯絡交誼的活動中心，因此它的各項設備最稱齊全。在一幢凵字型的四層樓建築當

大學城的骨幹——國際館

中，除了四樓闢為若干住宿套房外，三樓為大圖書館，二樓有辦公室、展覽室、演奏廳及戲院的一部份；樓下則是大戲院、銀行、咖啡屋、小書店，外加兩個大學餐廳。地下室分兩層，除辦公室外，有健身房、游泳池、乒乓間、籃排球場，等於一個完整的室內體育館。

位於國際館的中央圖書館，擁有三萬六千冊藏書，以文史哲、法律、經濟、藝術方面的普通參考書為主，雖然不足供高深研究之用，但有時查一查辭典、書目，翻一翻百科全書或年鑑，倒很方便。該館有兩大特色：第一、座位寬敞舒適，可以安靜工作，沒有一般大學圖書館之吵雜擁擠；第二、夜間開放至晚上十點，一者可以彌補一般圖書館六點關門之不足，一者為必須晚上工作的莘莘學子多一去處（宿舍可能有鄰室談話或收音機之吵鬧）。

在藝文活動方面，國際館至少有三處可以演出戲劇的場所，分別是大戲院（Grand Theatre）、畫廊廳（La Galerie）與儲藏廳（La Resserre），但後兩者分別由展覽室、儲藏間改用，空間甚小，座位也不舒適。唯有大戲院是名符其實的戲院，前有舞台，後分樓上、樓下兩種觀眾座位，可容一千二百人左右；除演話劇、歌劇外，尚可供各種文化活動之用，每週二並固定放映電影名片一場，像《金池塘》、《法國中尉的女人》等都是我到法國以後才欣賞的。它的門票分成好幾種，看戲與聽音樂會同價，全票一律45F，學生、老年人、失業者憑證可以享受22F之優待，大學城住客則為17F，這是住大學城所能享受到的唯一福利。電影不分城裡城外，不拘身分，一律11F優待，這大約是外面電影票價的二分之一。

國際館最受學生照顧、生意最興隆的，還是它所附設的兩個大

學餐廳（全大學城共有四個餐廳）。一般而言，大學城大學飯堂伙食之好是有口皆碑的，因此不但遠近大學生輾轉乘車，每餐必報到，就是許多外國觀光客也慕名而至，都以能在大學餐廳用膳為榮！大學飯堂的伙食是由法國政府津貼的，年來隨著物價的節節上漲而不斷調整票價，現在學生票每張為6.15F，全票為12.40F（限於職工與非學生身份住客），客票為16F。遺憾的是，票價雖然提高了，服務的品質並沒有相對改善，在此經常吃的是不新鮮的麵包，有時還供應即將腐爛的水果！法國學生則抱怨進餐時的氣氛不佳，經常吃不飽，而早晚必須另以零食裹腹！

德國館的早餐

德國館本名海涅館，以紀念在法德文化交流上有過重要貢獻的十九世紀詩人海涅（Heinrich Heine, 1797-1856）而得名。德國館的建築雖乏善可陳，但門前的一道小石橋，石橋兩旁的垂柳紅杏相映成趣，頗富詩意，倒成為它的標幟。

「山不在高，有仙則靈」，德國館的令人矚目，主要在它所舉辦的各種文化活動，不但頻率高，且有充實的內涵。德國館除了自己擁有一座頗具規模的圖書館外，還有一個光線明亮的大廳，每週固定在此舉行一次電影欣賞與音樂演奏，也經常舉辦各種學術講演會或旅遊活動，以促進德國學生對法國的瞭解以及外國人對德國的認識，充分發揮文化媒介和交流的作用。

德國館的特色，還在於它的地下室附設有一咖啡廳，定時供應早

德國館

德國館前留影

餐。由於價廉物美，不但館內館外住客每天早晨必來報到，即使城外的學生也多聞風而至。咖啡廳的服務工作由一位義大利中年太太負責，從沖牛奶、泡咖啡、煎蛋、切麵包，到洗杯盤、收帳完全一手包辦，動作既輕快又少錯誤，其能幹程度，可以抵上三個法國婦人。更難得的是，面對連綿不絕的長龍，還能經常保持笑容，並不時與熟客幽默談笑，使室內充滿蓬勃生氣！

早餐的時刻，是交誼聯絡的最佳時機。用餐的顧客，固然以在館內的德國青年男女學生為主，但也不乏其他國籍的形形色色人物。據長期觀察所得，在數不盡的來往過客中，在芸芸眾生裡，有幾個特別令人印象深刻的人物，值得一記。

首先一位必須介紹的是有「花蝴蝶」之稱的阿拉伯客，年約三十許，中等身材，髮短而曲並帶棕色。每次一到，必先與義大利太太打情罵俏一番，然後選擇與年輕女性坐在一起，不管舊識或新交，他都能舌燦蓮花，大蓋特

蓋，令對方肅然起敬，使全座為之側目。

其次不可不提的是一位頭髮斑白，每天穿著同樣襤褸衣服的中年男士，他的大衣比萬華舊衣攤出來的還不如，西裝長褲皺得變了形，褲管且直拖到地，一雙黑皮鞋從來不擦。他每天只叫一杯咖啡喝完即香煙一根接一根的抽，經常呆坐一、兩個小時，大有「長日漫漫，何以排遣」之苦！為了好奇，我曾主動問過其來歷，他自稱是巴勒斯坦難民，擁有法國心理學國家博士學位，真是人不可貌相！

第三位該出場的是一位不知國籍的白人太太，個子長得相當高大壯實，但臉部化妝卻像日本的藝妓。她有時單獨一個人來，有時帶一位十幾歲的白痴女兒同行。臨走，必定很有禮貌的向大家打聲招呼：「再見，先生女士們！」一見義大利太太在廚房忙不過來，她會主動上去幫忙整理杯盤，收拾東西。更絕的是，餐後她常在德國館四週的草地上巡視一番，從事「你丟我撿」的工作，把一些碎紙、塑膠袋清理乾淨！

還有一位年輕的黑大鬍子，長得一副運動員的好身材，不管寒暑晴雨，每天同樣一副運動裝打扮，同時網球拍不離手（可惜從未看他下場一顯身手），頗有法國青春球王諾亞（Yannick Noah，曾獲法網公開賽冠軍）的架勢，但不知所為何來，所做何事？

最妙的是一對住在該館的白人青年男女，兩人都屬於電線桿型，尤其那男生幾乎已到皮包骨地步，每次早餐一露臉，男的是一副無精打采的樣子，一骨碌坐在餐桌上等人伺候，女的則神采奕奕，不經排隊自己進廚房張羅兩份冷熱飲、火腿雞蛋、乳酪果醬、麵包等一大堆東西出來，然後兩人邊吃邊親熱，一副意猶未盡的模樣！

暮色沉沉的伊朗館

　　伊朗館於1972年改稱阿維賢館
（Residence Avicenne），為紀念古伊朗
哲學家阿維賢（Ibon Sina, 980-1037）而
得名。它可能是最後一個完成的外國館
（1969），也是最現代式建築的館舍。
伊朗館共有十層，主要結構則分為兩
段，宛如兩片長方形積木堆在一起，更
特別的是它的防火梯突出在外面，遠看
就像一條黑色的巨蟒攀附在白色牆上。

　　伊朗館自前一、二年鬧政治糾紛
後，現在已不收任何伊朗籍的學生，而
與古巴館、東南亞館同為住宿外國學
者、教授的專館。因此支持柯梅尼的伊
朗學生已轉移陣地，每週六中午固定在
國際館前的廣場聚集，將布製的柯梅尼
畫像到處懸掛起來，並播放他的演講錄
音帶做些象徵性的政治活動。

　　伊朗館先天條件不錯，它擁有一個
三面落地長窗，光線明亮的大會客室，
以及一個可以容納近百人活動的大廳，
並有地下室可以做各種不同的運動。更

伊朗館前留影

伊朗館的外觀像一條黑色巨蟒

方便的是，每層樓都配備有一個小廚房，可以用電爐燒開水泡茶或煮一點簡單的麵食，當星期天大學餐廳關門時多少可以將就一餐！但與德國館的朝氣蓬勃相比，伊朗館卻顯得暮氣沉沉，兩者形成極強烈的對照！

伊朗館的死氣沉沉，主要來自館方，上自館長、秘書，下至門房一對老夫婦，都是一臉嚴肅、不苟言笑、少有人情味的法國人。尤其那位門房老先生，更是標準的「園丁型」法國人，目光短淺，喜歡小題大做，愛打官腔，喜怒無常，健忘，不細心，經常放錯信，按錯叫人電話，令人難以領教。當我渡假歸來，發現房間遭小偷光顧，所有現鈔被洗劫一空，向館方報告後，竟未得到負責人一句慰問之語，事後也不了了之，沒有任何交代！

收費貴，服務差，這是伊朗館的最佳寫照！當初費了九牛二虎之力住進來，事後卻有誤踏上賊船的感覺。伊朗館從不舉辦任何藝文活動，平日除了地下室那架陳舊電視機偶而可以看看節目外，一無消遣娛樂。今年過新年，館方忽然大發慈悲，舉辦一次茶會，準備了大批飲料與點心招待全體住客，可惜賓主之間無話可談，氣氛冰冷，場面僵硬尷尬！最不該的是，它把大廳出租給外人當練習演奏場所用，每天樂器敲打不停，影響屋室安寧！在日常服務方面，更是人人抱怨，隨便舉例如下：（一）外面電話老打不進來，常常無人接聽；（二）會客室有冷熱飲自動販賣機各一架，但經常故障，形同虛設；（三）兩架電梯分單、雙樓個別專用，常須久等，一旦發生故障，很少立刻修理；（四）房間隔音設備極差，彼此聲息相通，遇不自尊自重的鄰室放大收音機或半夜聚眾喧嘩吵鬧，雖提抗議，均置若罔聞！

伊朗館之所以毫無生氣，與房客的成員多少也有點關係。住客中既然以各國學者、教授、醫生或年紀較大的老研究生為主，他（她）們多已年逾不惑，甚至不乏半老徐娘，因此個性上比較嚴肅，不好動。雖然同樣生活在一個屋簷下，但平常大家早出晚歸，見面難得打招呼，更少有進一步認識對方的慾望，久而久之自然形成一種各忙各，彼此不相往來的生活哲學。職斯之故，伊朗館與其他各館比較來說，簡直就像一幢沒有春天的老人館！

仙鄉蒙塵，桃源污染

比起拉丁區那些住閣樓，侷促在旅館小天地，冬天沒有暖氣，夏天無處洗澡的學生而言，大學城住客確實得天獨厚，有若仙鄉佳賓、桃源貴客。在巴黎寸土寸金，難覓一枝棲的情況下，大學城不但緩和了房荒，且為數以萬計的莘莘學子提供了理想的生活居住環境，真正功德無量！

但歷經半世紀後，大學城本身也暗潮洶湧，問題重重，雖還不至於關門（事實上已有兩館關閉，另有數館面臨關門的威脅），但已到了必須正視檢討的地步！

首先是有關當局，包括法國政府與巴黎市政府對它的漠視，低估它的存在價值，因而對於維護這一處仙鄉所需的各種經費，予以削減，使它難以正常的運作，因而降低服務的品質。學生工會對於大學餐廳伙食貶「質」卻醞釀漲價，曾一再抗議，並發動大家簽名聲援！

大學城的設備，雖然大致已齊全，但據筆者半年多來生活體驗所

得，仍有它的缺憾！譬如缺乏洗衣店、文具行、雜貨舖，甚至藥房，使生活起居仍感不便；它應該發行一份聯誼性的大學城刊物，以加強各館之間的聯繫。法國大學生橋牌風氣不盛，偌大的大學城竟然沒有一個橋牌俱樂部，使筆者閒來英雄無用武之地，甚覺遺憾！

　　大學城最大的問題，恐怕是人文精神的淪喪！在此很難看到中世紀大學那種「謀道不謀食」以及「一簞食，一瓢飲，回也不改其志」的精神，芸芸眾生中，蠅營狗逐，無非為生活，為填飽肚皮而已！何以故？這也許與法國和其他歐洲學生的大量減少，亞非第三世界學生的充斥氾濫有關！

　　無可諱言的，大學城目前已淪為阿拉伯人與黑人學生的天下，幾乎到了無館無之，且以他們占大多數的地步。由於他們的充斥氾濫，當然要負起仙鄉蒙塵、桃源污染的責任！且看事實證明：第一、他們往往與國內政局糾纏一起，在此示威鬧事，影響大學寧靜生活；第二、少數人行動隨便放肆，任意毀損公共設施，例如園內公共電話亭十有九壞，無法使用；第三、多數黑人並不習慣文明式的團體生活，他們天真活潑，隨時可以聞音樂而跳躍起舞，經常在公共場所大聲喧嘩，在寢室內聚鬧，從不尊重別人的作息；第四、城內宵小猖獗，扒手橫行，偷竊案層出不窮，已嚴重威脅到住客精神的安寧和財產的安全！

　　綜合上述，大學城實質上只有慈善性的意義，甚少具備教育的功能，更遑論瞭解互助，促進世界和平那些崇高的理想，難怪有關當局必須對它的存在價值予以重估！

　　可以想像得到的，巴黎大學城無疑就是世界的縮影，只要各地區

的局部性戰爭或各國的政變不斷發生，只要工業先進國與第三世界之間的貧富差距依然很大，那麼巴黎大學城的存在價值恐怕一時很難提昇，如此難保桃源不被污染，仙鄉也勢將長久蒙塵！

（寫於民國 72 年春）

里昂行

——兼訪里昂中法大學故址

里昂是我舊遊之地，民國五十四年仲夏由巴黎南下前往蔚藍海岸（Cote d'Azur）遊覽時，曾路過此地小宿一宵，對於伏維葉（Fourviere）山丘上雄偉的教堂，隆河（Rhône）畔壯觀的美而固廣場（Place Bellecour），以及金頭公園（Parc de la Tête d'or）內萬紫千紅的玫瑰印象猶深。當時唯一的遺憾是，未能參觀專為培養中國學生而設的里昂中法大學以及一些羅馬帝國時代的古蹟。

里昂展現新貌

目前從巴黎去里昂，最方便而快捷的交通工具，除飛機外，就數法國東南幹線的高速火車（Trains à Grande Vitesse，簡稱TGV）了。巴黎距里昂約四百六十公里，與基隆到恆春的距離相當。過去在未開闢高速路前乘坐普通快車約需時三個鐘點又五十分，至1983年9月當全線快速路程完成後，則只須

里昂聖母大教堂

美而固廣場

金頭公園

金頭公園的玫瑰花萬紫千紅

兩小時就可抵達，這不能不説是交通史上劃時代的一大進步。法國高速火車自展開營運以來，乘客趨之若鶩，其最高時速可達三百八十公里，平均時速為兩百七十公里，為全世界最快捷的火車之一，法人頗引以為傲。

高速火車外觀漂亮，設計新穎；內部設備更寬敞舒適，令人頗生好感。尤其車行雖快，平穩如常，閱讀書報亦不致有頭暈不適現象。更值得一提的是票價與普通車一樣，國內觀光客有興趣可以一試，但最好事先訂位，以免向隅。

為了配合高速時代的到來，里昂並興建了專門停靠高速火車的車站，把舊的貝哈施（Perrach）車站改建得美侖美奐，新穎壯觀，一切自動化，具有新式機場的一流設備，絕不比巴黎的許多大站遜色，尤其它的屋頂花園設計獨特，更令等車旅客多一賞心悦目的好去處。

多年不見，除了車站改建令人耳目一新外，里昂在各方面也展現一番新面貌。新社區處處可見，新辦公大樓林立，還有這幾年陸續興建的地下鐵、大

學城（在Doua郊區）、市立圖書館、高
盧羅馬博物館等，都令人有刮目相看、
進步神速的感覺！此外，美而固廣場更
加繁華熱鬧，附近幾家電影院前經常大
排長龍，這大概就是里昂人的夜生活所
在吧！

里昂以養蠶繅絲聞名，故里昂特產
中也有一種糖叫「郭貢」（Cocon，即蠶
繭之意），形狀類以蠶繭，用各種不同
的材料和顏色製成，香酥可口，是遊客
們的最愛，既可滿足遊子們的好奇，亦
是送禮的佳品。

承里昂第三大學中文系的安排，下
榻於Doua大學城的教授套房。據多日
旁觀所得印象，里昂的外籍學生顯較巴
黎為少，故多能與當地的法國學生打成
一片。由大學餐廳的設計到菜餚的多種
選擇，可以看出里昂學生較受尊重，比
巴黎學生受到較多的照顧。里昂的公車
與地下鐵之間，可以在一小時內同方向
轉車，這是巴黎居民享受不到的優待。
又公車上的自動驗票器前後座各有一
個，疏通容易，上下車方便，更可免受

攝於校內羅馬時代殘存古蹟前

貝哈施車站旁的人行步道

里昂市立圖書館

駕駛員虎視與不耐的眼光，由此可見里昂乘客所受到的尊重。

有人説，里昂人外表雖冷漠，但內心真誠，一旦做了朋友，較能推心置腹，雪中送炭；不像巴黎人嘴巴雖甜，但華而不實，只喜錦上添花。這恐怕是見仁見智的看法，一切難有定論，端看個人機緣造化罷了。

故園依稀　人事全非

里昂中法大學成立於民國十年（1921），是吳稚暉、李石曾、蔡元培等一批稍早鼓吹勤工儉學的哲人，與里昂當地熱心教育人士所共同創辦的一所海外中國大學，其目的在利用里昂大學及其他各專科學校現成之設備與師資，以比較經濟的組織，為我國作育有志深造之人才。中法大學的設立，也可視為旅歐教育的一項試驗，可惜後來因經費難以為繼，歷盡滄桑艱辛，仍逃不了停辦的命運，遂於第二次大戰結束後不久關門，而成為中法教育合作事業史上的一個絕響！

初春三月的一個陽光煦煦的早晨，在里昂第三大學中文系教授李塵生學長的駕車引導下，來到了位於里昂西郊，聞名已久的三台古堡（Fort St. Irenée）。下車後，首先映入眼簾的就是那一道高三、四丈許，依然完整無缺的黃褐色城牆。沿著城牆走過去，一眼就看見門樓上高鎸著「中法大學」四個中國字，令人倍覺親切，不禁生出思古之幽情！可惜這個當年專門培育中國學生的園地，現在已改為大學宿舍區，區內添建十幢新式學舍，可以容納一千五百名學生住宿，所以門口另外掛著幾塊法文招牌，標明「大學宿舍區」（Résidence

Universitaire）、「大學地帶」、「私有財產」等字樣，大有「閒人免進」之意！

進得半圓形拱門後，反身一望，校門樓上的一排兩層樓房，就是當年的女生宿舍。我們沿著樓梯走上去，但見走道上到處髒亂不堪，破舊房間內堆滿洗臉盆、浴缸等雜物，牆壁上盡是遭雨水浸蝕斑剝發黃的痕跡，天花板更是搖搖欲墜，令人不勝感慨！下樓時，正好與聞聲上來的門房相遇，經交談得知，除樓下有一個房間闢為電話總機室與信件收發處外，整棟樓房都任其塵封廢棄，聞後怎不令人唏噓！

里昂中法大學男生宿舍

出了女生宿舍，右側一排四層大樓，就是當年的男生宿舍，樓下則是教室與餐廳。現在已改為行政大樓與教職員宿舍，外觀仍很新，看來剛粉刷過。我在樓外徘徊瞻望，當年中國學生在此朗誦法文的弦歌之聲似依稀可聞！樓前一座古井仍在，但已被封閉停用。再往前行數步，見有一棟並不起眼的平房，這就是當年的禮堂，但已改為辦公室。當日適逢週末非上班時間，與男生宿舍一樣，都是房門深瑣，未能入內一窺，不無遺憾！禮堂後面有古羅馬時代引水渠道殘存石壁數段，高十數公尺，極為壯觀，亦饒古趣！此外，男女生宿舍之間的廚房，還有籃球場以及吳稚暉校長用來與中國學生談古論今的簡陋小亭，已不復見！園內花木扶疏，漫步其中，良久不忍遽去，大有舊壘依稀，江山未老，而人事全非之嘆！

書籍獲歸宿　檔案待整理

里昂一星期，大部份時間都埋首在檔案堆中，因此對這批資料的來龍去脈略為介紹，想同樣為讀者所樂聞。

自中法大學結束後，大批書籍、期刊、文書檔案及紀錄冊籍即集中堆放在原址女生宿舍的兩間寢室內，歷經數十寒暑，任其潮濕霉爛，乏人過問。及至1973年里昂第三大學正式成立中文系後，始將這批資料接管，並由李塵生教授從古堡搬下山來。隨著中文系辦公室的一再喬遷，這批資料又輾轉搬動多次。中文系因缺乏場所，現已將所有書籍、期刊清點編目後，移交新建的里昂市立圖書館保管，總算有了較好的歸宿。這批書籍期刊被放在圖書館的第十樓，共占五排長

書架，其中線裝古書約七千六百五十冊，平精裝鉛印本有三千冊，期刊約四百種（多為1930年代國內出版者），相當珍貴。據李塵生教授相告，這批書刊如果放在里昂大學總圖書館，由於學校寒暑假期間長，學生參考反不若到市立圖書館方便。

有關中法大學的檔案，有一部分過去由杜巴別教授（Prof. Dubarbier，里大漢學教授，中法大學協會秘書）掌管，目前則全部堆放在中文系辦公室的四個壁櫥書架內，其中主要有前後四百七十三名學生的個人檔案；有中法大學協會各項會議紀錄及報告；有中法大學祕書處檔案，以及中法大學與國內外各機關的來往函件等，資料龐雜而豐富。這批檔案雖經初步整理，但中文系因限於人力和經費，並未加以有系統編目編號，妥為裝釘，故不僅散亂不堪，而且容易遺失，情狀極為可慮！

感想

里昂之行，十分愉快，雖僅短短一週，但收穫尚稱豐碩。唯一惦念難忘、耿耿於懷者，就是中法大學那批檔案未獲妥善處理。

里昂中法大學故址的產權原屬法國政府，當初僅以象徵性的一法郎出租給中法大學做為校舍使用，如今法方既已收回，如何就地改建或任其廢棄荒蕪，

與李塵生教授合影（1983. 3. 5）

吾人除偶而得緣前往憑弔一番外，實不便置喙！

　　唯中法大學的主角是中國人，在那座平凡的草台上，雖不一定唱得出一支很高等的曲子，但畢竟也培養出不少人才，如今若任這批檔案流落異國，散棄蒙塵，實在萬分可惜！據筆者所知，法國有關學術機構對這批檔案興趣缺乏，要寄望他們撥出一筆經費加以整理，可能性不大，如此豈不令這批檔案長期難見天日？但試問，身為主唱者的中國，又有幾人關心注意呢？現在該是大家共同設想一個良善辦法的時候了！

　　在無可奈何中，筆者藉此順便呼籲，當年出身中法大學，如今仍然健在的一些前輩學長，無論您在台灣、香港或海外，請大家趕快執筆把這一段個人經歷詳細紀錄下來，如此，里昂中法大學的故址雖已成歷史陳跡，但至少不致使這一頁生動的歷史淹沒不彰！

（原載《自由談》，第 34 卷 6 期，頁 25-27，民國 72 年 6 月）

羅瓦河古堡巡禮

楔子

　　法國中部的羅瓦河（La Loire）一帶，山明水秀，風景優美，素有「法國花園」的美稱，而散布在兩岸的數十個大大小小古堡，不但建築風格與型式迥異，各具特色，而且一樑一柱，一桌一椅都已成為古蹟古物，其所收藏的古畫與家具，無不成為價值連城的藝術品，確可當之為「法國文藝復興的搖籃」而無愧。一部羅瓦河古堡的歷史，可以說就是法國卡貝特（Capetiens）、瓦洛阿（Valois）、波旁（Bourbons）三個王朝，也即從中世紀到法國大革命前的一頁生動歷史的縮影。

　　對於羅瓦河古堡的勝蹟嚮往已久，可惜始終無緣前往觀賞，原因有三：第一從巴黎前往的遊覽車，不管是作一日或二日之遊，通常都是清晨七點半出發，半夜始返巴黎，對於住在郊區或雖住巴黎而必須輾轉換車的

羅瓦河多采多姿的古堡

人，實在可望而不可及；第二，遊覽車的收費有的稍嫌偏高，對於處處必須精打細算的人，就像是欣賞一場「紅磨坊」（Moulin Rouge）或「儷都」（Lido）夜總會一樣的奢侈；第三，遊覽車只到少數四、五個比較有名的古堡作走馬觀花式的停留，遠非我這個對法國史有興趣，並以講授「法國史」為副業的人所能滿足。

　　因為以上三點考慮，所以雖然筆者前後三次到法，但一直遲遲未動身一探它的真面目。這次良機不可再失，乃決定自己搭火車前往，到某一地再參加遊覽活動（因為大部份古堡並不在火車沿線）。事後證明，這個辦法不但時間從容，較能隨心所欲觀覽，而且相當經濟實惠。茲以日記方式，略作報導，以饗國內讀者。

五月十二日　第一站布盧瓦（Blois）

　　我購買的是巴黎到南特（Nantes）的二等來回車票，票價310F，沿途可以隨時隨意下車，前程照樣有效，這是歐洲一般火車的規矩。十二日（星期四）中午自巴黎奧斯特里茲（Austerlitz）站搭十二點零六分班車出發，由於適逢耶穌升天節（Ascension），座位全部客滿。行前，巴黎尚下著毛毛細雨，九十分鐘後抵布盧瓦時，天空已放晴。

　　下車後，帶著簡單行李，直奔距車站不遠的「觀光服務處」（Office du Tourisme），先詢問遊覽附近古堡的時間。由布盧瓦出發的遊覽，主要有兩種：一到香博爾（Chambord）與施維爾妮（Cheverny），從十二日至十五日每天有一班；一到使儂瘦（Chenonceau）與昂波瓦絲（Amboise），只有十四日（星期六）一班。兩項遊覽都是下午兩點出發，票價各為50F。當即毫不遲疑的購了兩張票，準備在布鎮小城停留兩晚三天。

布盧瓦古堡（路易十二行宮側翼內廷）

布盧瓦古堡留影之一

布盧瓦古堡留影之二

布盧瓦古堡（法蘭西斯一世行宮側翼及樓梯）

布盧瓦古堡留影之三

　　在附近旅館安頓好後，即背著照相機，先訪近在咫尺的布盧瓦古堡。門票12F，隨講法語的導遊參觀，遊客絡繹不絕，相當熱鬧。該古堡肇建於十三世紀末，前後歷經四世紀的經營，曾是法王路易十二、法蘭西斯一世的行宮，從外觀即可看出各代建築型式的不同。遊客們最感興趣的，是當年亨利三世埋伏刺客搏殺功高震主的吉斯公爵（duc de Guise）的房間，以及出身麥第奇家族（Medicis）的兩位皇后凱瑟琳（亨利二世之后）與瑪琍（亨利四世之后）所住過的香閨。

　　晚在羅瓦河畔散步，並於附近電影院觀賞奧斯卡名片——《甘地》，片長約三小時，票價26F，所住旅館名為「安靜」，但午夜有嬰孩刺耳哭聲，頗不安靜。

五月十三日　遊香博爾與施維爾尼

　　上午經古堡附近一家專售紀念品的商店，購《羅瓦河古堡專集》一冊暨風景卡十數張，並遊覽路易十二噴泉、聖路易教堂及市政府等

雄偉無比的香博爾古堡

清新超凡的施維爾妮古堡

名勝古蹟。

　　下午參加「古堡之旅」，兩點從火車站前準時出發。遊客僅得五人，除筆者外，尚有一位日本人，兩位美國女大學生，以及一位加拿大工程師。導遊是一位臨時代班，第一次服務的法學院女生，她用法語與英語雙聲帶說明，但英語並不高明，好在為人親切隨和，沒有一般職業性導遊的晚娘面孔。

　　先參觀香博爾，這是羅瓦河地區占地最廣，最雄偉壯觀的一個古堡，由好大喜功的法蘭西斯一世所營建，歷代國王都喜歡到此狩獵，但堡內並無太多的家具與收藏，到處顯得空蕩蕩的。

　　次遊覽施維爾妮，這只是個諸侯邸宅，但清新精緻，堡內收藏十七世紀家具與名畫頗豐。古堡主人係當年狩獵名家，故附屬建築另闢有「獵獲物陳列館」，其中有鹿製標本兩千件。上車前，並看到

六十隻獵犬進食的有趣鏡頭，亦為吸引遊客的項目之一。

　　小鎮夜晚，除坐坐咖啡館外，無處可以消磨時間，乃又走進電影院，看嘉禾的國際製品——《條條道路通中國》（High Road to China），票價25F。

五月十四日
遊使儂瘦與昂波瓦絲

　　上午到郵局寄出風景卡數張，並於市場買了一些水果，續在市區遊覽，參觀十五、六世紀時代的一些古建築。

　　下午參加第二次「古堡之旅」，人數較上次為多，近二十人，又碰到同一位女導遊，她對今天所要參觀的古堡內容並不太熟悉，臨時抱佛腳照說明宣科，令人失望！

　　使儂瘦古堡一稱「六貴婦古堡」，雄跨於羅瓦河的支流謝河（Cher）之上，是其特色。由於前後經過六位女主人的設計，故充滿陰柔之風，與香博爾的雄渾之氣正形成強烈對比，古堡前的

在古堡前與女導遊合影

跨河而建的使儂瘦古堡，美麗絕倫

41

居高臨下的昂波瓦絲古堡，是軍事要塞

　　兩塊花圃，一名凱瑟琳（Catherine de Medicis，亨利二世之后），一名狄安娜（Diane de Poitiers，亨利二世情婦），爭奇鬥妍，宛如女主人當年的爭寵一般。

　　昂波瓦絲古堡是法王查理八世出生與去世的所在，義大利大師達文奇（Leonard de Vinci）曾應法蘭西斯一世之邀，在此渡過晚年，其骨灰即寄藏在堡內教堂之中。

　　該古堡自備有法語導遊，說明鏗鏘有力，令人滿意。另備各種不同語言之文字說明，以供不通法語者自閱。

　　遊覽車六點三十五分準時回到布盧瓦車站，正好趕上六點四十五分開往都爾（Tours）的火車，今天雖是週末，但下車後，「觀光服務

處」仍有人服務，為我訂到車站附近的「琉德西亞」（Lutetia）旅館，並購買明天到四個古堡遊覽的票，票價104F。

趁太陽未下山，在舊市區蹓躂一番，但見古蹟處處，市容也整齊可觀。路經「福臨門」飯店，想吃中國菜，可惜因座位已滿，必須等候而作罷。

五月十五日　第二站都爾遊四古堡

上午九點自車站前廣場乘遊覽車出發，遊客約二十人上下，頗不寂寞。也是一位年輕女導遊，英語說得相當流利，法語說明更棒。先到龍傑（Langeais），進堡得經過一道古意盎然的吊橋。古堡本身備有專人引導，每進一房間，只要一掀錄音開關，偶而加幾句說明即可。龍傑古堡為路易十一於十五世紀中葉所建，旨在監視布列丹人由羅瓦河東進，但這個顧慮後來已因其子查理八世與布列丹的安娜公主聯姻（婚禮即在古堡舉行）而消失。

都爾城一瞥

續到西農（Chinon），這是當年查理七世在英軍鐵蹄蹂躪下的偏安小朝廷所在，也是聖女貞德跋涉千里到此見

龍傑古堡鳥瞰

已剩廢墟的西農古堡

古堡僅存之塔樓

駕，認出喬裝的國王的地方，可惜古堡已剩廢墟一片，僅餘聖・喬治塔（Tour St. Georges）改闢為貞德博物館，有若干資料，勉可一看。法國文化部曾有重建西農古堡的計劃，但由於所需經費龐大，短期內恐不易實現。

中午停車西農市區進用午餐，順寄出數張風景卡。

像童話故事的阿傑‧勒‧里鐸古堡

　　下午參觀阿傑‧勒‧里鐸（Azay-le-Rideau），與使儂瘦古堡有異曲同工之處，它的部份建築蓋在河上，故風景格外優美，靠河的屋牆厚達兩公尺，十分堅固，堡內藏有文藝復興時代的家具、織錦畫。

　　最後抵達維蘭堆（Villandry），此處主要以花圃聞名，花園占地七千平方公尺，由查理八世延聘意大利花匠精心設計，成各種幾何圖案，遍植無數奇花異草或食用、藥用植物，花香與藥味共一園，為平生所罕見！

　　六點半左右，遊覽車回到都爾車站，稍事休息，又搭火車直奔安傑（Anger）。下車後，自己在車站附近覓得旅舍。飯後在福煦大道散

花圃聞名的維蘭堆古堡

保存完整無缺的安傑古堡

步,除車聲外,整個都市像座死城,因為今天是禮拜天。

五月十六日　第三站安傑、南特

安傑是古代安茹(Anjou)的首府,現在則是一個欣欣向榮的城市,人口有十五萬。

大清早即迫不及待出門遊覽,但安傑古堡要到九點半始開門,乃先參觀聖模里斯教堂(Cathedrale St. Maurice)與附近廣場。

古堡為聖路易所建,至今仍保存得很好,尤其四周城牆與濠溝仍完整無缺,為其他古堡所無。該堡以收藏中世紀織錦畫最豐富而聞名,但僅開放教堂與國王寢宮兩部份,故遊客甚少。

中午以前搭車抵此行終站——南特。南特正屬布列丹(Bretagne)地區,在歷史上以亨利四世所頒布的宗教寬容文件——「南特詔書」而聞名。此地也有一古堡,名為布列丹公爵古堡,也即安娜公主的出生地。古堡現已改為博物

館，陳列地方性文物，並無太大參觀價值。

當晚即乘快車崀返巴黎，結束了為期五天的羅瓦河古堡之旅。

（原載《自由談》，第 34 卷 8 期，頁 46-48，民國 72 年 8 月）

軟體建設在法國

幾年不見，法國，尤其是巴黎及其近郊，在硬體建設方面已有很大的進步，令人耳目一新，這在前篇拙作〈花都巴黎新貌〉中已略微提及，不再贅述。而在軟體建設方面，特別是與社會全民生活攸關的公共道德表現又是如何，想同樣為讀者所關心！

權利的自我尊重

在法國平日生活所見，最令人印象深刻的一點，就是一般人守法精神的良好表現；而守法精神首先表現在權利的自我尊重。法國人常說：這件事你有權，或那件事你無權。當然，在一個工商業發達的資本主義社會裡，個人權利的大小往往決定在你付出鈔票的多寡，許多不平等即由此產生，這是無可奈何的事！法國名記者克羅塞（Francois Closets）在他的暢銷著作《得寸進尺》（Toujours Plus！）一書中曾指出，法國人富者

太富，窮者太窮，簡單的解決之道，即取之於前者給於後者，這正是社會黨上台後目前的作法。但如此真能解決問題嗎？克羅塞也深引以為憂！

不管如何，一般法國人，至少受過良好家庭教育的法國人，都能對自己權利的分際有適當的掌握，不享受非份的權利。以看戲為例，一般戲院劇場的票價有前段、中段、後段之分，或包廂、正廳、樓廳之別，你花多少錢，買什麼位置的票，享受什麼樣的權利是一定的。有一次，筆者應友人之邀，在巴黎有名的「會議宮」（Palais des Congres）可容數千人的大廳欣賞一場民族芭蕾舞劇的演出，由於該劇已連續演出數週，到最後觀眾已所剩不多。我們去的那一晚，直到開演前上坐才只三、四成左右，但見偌大的前段、中段的座位全空在那兒，而一直到散場，也沒有看到後段或左右兩旁的觀眾往前移動占位，這與在台北國父紀念館或中華體育活動中心所見截然不同，令人印象極深！

再舉一例，法國的火車（包括最近大為風行的超高速火車T.G.V）或地下鐵到現在仍有一、二等車廂的區分，雖然同時可以到達，但票價不同，舒適寬敞自是有別。以地下鐵來說，一等車廂多掛在中間，便於年紀較大的老先生或老太太上下車，通常乘坐人少，多半有座位。一般衣冠楚楚的紳士，即有身份有地位的人多喜歡搭乘一等車廂，至少放眼所及，清爽乾淨。而購持二等票的旅客，即使在上下班的擁擠時刻，也大都能安份守己，侷限在自己的權利範圍內活動。在列車中，又有抽煙與不抽煙車廂之分，癮君子很少在不該抽煙的公共場所吞雲吐霧。尊重自己的權利，就等於尊重別人的權利，也才不會妨礙

別人應享的權利，兩者是密不可分的！

民主素養的表現

排隊是現代都市生活的一大特色，是現代人必修的一課，更是個人民主素養的起碼表現。貧富的差距不平，只有在排隊的場合可以消弭於無形，除非富人根本不參加或不必參加排隊。在巴黎，一如在法國或歐美其他大都市一樣，一出門就得排隊。看電影、買車票固不必說，就是上郵局、入書店、逛百貨公司，甚至進餐館吃飯，無一不需排隊。

凡事總有個先來後到，排隊是一種尊重別人的表現。排隊成習慣後，不但能夠去除一個人的虛浮急躁之氣，而且可以培養耐性，養成彬彬有禮的紳士風度。經過長期的觀察，發現法國人把排隊當成天經地義的每日例行功課，絕不爭先恐後，也不隨便插隊，一副逆來順受的樣子。他們不爭一時，不貪小便宜。以大學城的龍蛇混雜為例，進餐的長龍能夠保持井然有序，實在不易。大學城每週的藝文活動很多，有音樂演奏，有戲劇演出，有電影欣賞，而觀眾不乏來自「城」外的法國人，這些衣冠楚楚的紳士和打扮入時的淑女，他們排起隊那種好整以暇的從容態度，實在令人無話可說！

當然，在法國排隊，也有自認晦氣的時候，這是屢見不鮮之事。例如：上郵局買郵票寄信，看準窗口排隊，好不容易輪到你了，裡面的先生或小姐正好把窗口的小門一關走了（還不到下班時間），這就如同台北西門町電影院在輪到你買票時掛出「客滿」的牌子一樣，讓你

哭笑不得。

　　有一次，筆者陪兩位台北來的朋友到戴高樂機場搭法航班機返國，當時排成三行Check-in，當輪到我們時，那位穿戴整齊的法航小姐忽然把桌面東西一收，一言不發，拍拍屁股走了。留下我們三人乾瞪眼，只得趕緊另行排隊，以免向隅。

　　與排隊有關的一件事，那就是汽車的禮讓行人。當行人遇到綠燈通過馬路，碰到側轉而來的汽車時，汽車往往停住讓行人先行。這本來是行車規則中應有的禮貌，卻使常住台灣初到巴黎的我引為鮮事，並有受寵若驚之感！

不守法的害群馬

　　法國並不是一個不食人間煙火的天堂，打開報紙所見，每晚聽電視新聞所及，社會新聞一大堆，偷搶、兇殺、暴力等犯罪案件層出不窮。但這不是本文所要討論的重點。俗云：「勿以善小而不為，勿以惡小而為之」，從小可以看大，這裡只談談一般生活上較不為人注意的一面。

　　衣食足而後知榮辱，經濟因素容易造成人們投機取巧的不守法心理。法國人口近年來一直少有增加，雖然面臨世界性經濟不景氣，失業情形相當嚴重，但法蘭西人的守法精神大致還能維持於不墜。倒是因中南半島動亂而收容來的不少難民，以及不斷非法偷渡入境的北非阿拉伯人，加上若干來自前法屬非洲的黑人，都給法國社會帶來不少的問題。大家只要看到巴黎十三和十八兩區「中國城」的藏垢納污，

以及第十九區阿拉伯人區的髒亂，一切便可想而知。由於經濟不景氣，裁員下崗問題日益嚴重，首當其衝的便是這些異鄉客。當然，他們之中大多數也都願意做一個守法安份的良民（誰甘冒被驅逐出境之險？），但不可否認的，因為生計所迫或守法習慣沒有嚴格養成，有少數人就成了害群之馬！

　　法國地下鐵全面自動化後，雖然關卡緊嚴，但仍有少數人乘坐霸王車，出入很少買票，這真是道高一尺，魔高一丈。蓋機器柵欄只能防君子，不能防小人，偏偏希望做小人、矮人者仍復不少。最常見的情形是，進出從三叉橫桿上跨躍而過，或從底下鑽過。這種情形在大學城車站反而最多，實在有辱斯文！筆者親見一對黑人夫婦，先生抱著小孩在眾目睽睽之下從柵欄下鑽過，太太也隨後跟進。在公車上，照樣可以渾水摸魚，我也曾見一亞洲青年以使用過的車票在機器中再"卡察"一遍。踫到門扇形的關卡，則無票之人可緊隨有票之人身後，疾行而過。由此觀之，機器再嚴密，並非萬無一失！為了防小人，巴黎若干地下鐵車站進口，已在三叉橫桿之上，又加了一道高過人身的屏風閘，讓喜歡貪小便宜的乘客插翅難飛！

　　法國無論國營鐵路、地下鐵或公共汽車，在行車時也經常設有查票人員，通常是兩人一組，以壯聲勢。當查到無票乘車或車票違規使用（越區或躐等）時，最多以罰款了事，否則再送警究辦。唯根據美國國務院最近出版的《世界人權年度報告》中指出，法國在保護人權方面的表現，不論在政治、經濟、社會或文化各方面，簡直無懈可擊。因此，若一個態度不夠強硬的查票員碰到一位兇悍的不守法乘客，對方不但據歪理力爭，且拒不繳納罰款或出示身份證件，此時卻不能惡

言相加，又不可動粗，僵持到最後，往往不了了之！

流浪漢與地攤販

　　如果説，不守法的一群以來自第三世界的外國人居多；那麼，流浪漢則是道地的法國土產。巴黎固是有錢人的天堂，同樣是窮人的安樂窩。法國既是一個最尊重人權的國家，因此流浪漢的到處為家、處處為家，也就不足為怪了。這批今朝有酒今朝醉，過了今天不管明天的醉公醉婆，經常三五成群，洞天席地，夏天以塞納河橋墩下為其活動大本營，冬天則盤踞地下鐵車站的坐椅，大作其黃粱夢！當他們睡飽精神足之時，便在地下鐵火車站內游動，常見幾個熟面孔，對著過往的火車發表歇斯底里式的獨白，或向男女乘客糾纏，伸手要錢。一看到他們那似醒又醉，全身襤褸的齷齪相，一般旅客往往敬而遠之，退避三舍。

　　流浪漢的存在，雖然對社會治安尚無重大妨害，但長期霸占公共場所（如車站、公園）的結果，不但有礙觀瞻，而且對旅客心理總是構成或多或少的威脅。流浪漢的伸手乞討，並不足為奇，怪的是少數法國青年男女聚集舊日的中央市場附近，終日吃喝玩樂，無所事事，見過往之人即伸手要麵包錢，如果不給，還會受到揶揄。一般説來，一些在地下車站或車內靠賣唱討盤纏的外國年輕男女，似乎較能得到乘客的同情。

　　巴黎地下鐵車站內，過去少有人擺攤設位販賣東西，因為過往行旅匆匆，可能光顧者不多。但自越南淪陷，大批難民湧入後，情形已

大為改觀。也許出之於有關當局的刻意照顧，現在站站都設有攤位，而且幾乎清一色成為亞洲人的天下。他們賣的是價廉物美的中國或亞洲的手工藝品，包括戒指、手鐲、項鍊、扇子、皮貨、陶瓷器，還有衣服之類。有些較大的站，攤位陳設極其考究，並聘有年輕貌美的女郎招呼經營，為本已多彩多姿的巴黎又增添一景！

　　一些來自非洲的朋友，雖然他們也有生意眼光，但資本條件似乎不及，因此只得出之以流動方式。羅浮博物館的入口處前，常見有黑人小販推著車或提個桶，向觀光客叫賣罐裝飲料或紙鳶；但警察巡邏車一到，他們便捲起東西，相率呼嘯而逃，不久又去而復回。鐵塔對面的夏佑宮（Palais de Chaillot）平台，同樣有三三兩兩的黑人朋友在擺地攤，兜售他們的原始彫刻或粗糙皮包，也經常與警察玩「捉迷藏」的遊戲，這一幕完全是台北街頭翻版。曾幾何時，在生計壓迫下，在景氣低迷的藉口下，在人道主義的護符下，一向超塵脫俗的法國名勝古蹟前，竟然也出現這種完全破壞秀麗景觀的庸俗行為，思之令人惋惜慨嘆！

（原載《自由談》，第 34 卷 4 期，頁 12-13，民國 72 年 4 月）

又見巴黎

文學家謳歌巴黎

巴黎是公認人類歷史上最魔幻的城市，輕易地就會讓人流連忘返。徐志摩在〈巴黎的鱗爪〉一文中寫過：「咳巴黎！到過巴黎的人一定不會再希罕天堂，老實説，連地獄都不想去了。整個的巴黎，就像是一床鴨絨的墊褥，襯得你通體舒泰，硬骨頭都給薰酥了。」他慶幸自己年輕時就已住過巴黎，並引為至福。台灣已故名醫杜聰明在自傳裡坦承一生最愛巴黎。雨果曾説：「喔！巴黎是城市之母，巴黎是莊嚴之地。那兒，短暫的旋風，圍著這永恆的中心打轉。」馬拉梅亦説：「巴黎是天地間的縮影，不但百貨雜陳，同時更是座博物館；它什麼都接受，於是千奇百怪；它什麼都給予，於是至善至美。」巴爾札克説過：「巴黎是一個真正的海洋」。海明威則説它是一場「流動的饗宴」。巴黎更像一首永遠哼唱不完的歌，人

們輕易地就能哼唱幾十首歌頌它的香頌。[註1]

屈指一算，這已是筆者第八度到巴黎了，但時光飛逝，距離上次花都之行，倏忽也已六年有餘矣！十月的巴黎，秋高氣爽，不冷不熱，但仍屬旅遊旺季，遊客擠滿機場，塞爆凡爾賽宮，像潮水般一波接一波地瀰漫著每一個景點，家家餐館和咖啡廳幾乎都是座上客常滿。

睽違六年再訪巴黎

睽違法國六年多，第一個感覺是，巴黎人學乖了，變得更親切了。這種改變聽說與社會黨出身的市長德拉諾耶（Bertrand Delanoë, 1950-　）多少有些關係。他一上台便宣布了兩項小德政，其一是開放矗立在街頭的收費廁所，不用再投幣付錢；其二是呼籲咖啡館無條件開放廁所給觀光客使用。別小看這兩項小措施，在「一廁難求」的巴黎，對觀光客而言，可是功德無量。從此，筆者

遊客塞爆凡爾賽宮

遇有內急時，便不用再看咖啡館老闆或服務生異樣的臉色，而昂首闊步地直奔地下層方便處解決問題，不亦快哉！

巴黎人的改變，也可以從旅館主人或地鐵站服務員身上略窺一二。過去，筆者曾遭遇過態度冷漠，自始至終從未抬頭正眼瞧過客人的旅館櫃台服務員。這次棲宿在巴黎第十三區一家兩顆星法國人所開的旅館，除了物美價廉外，那位年約四十左右的法國太太不但如願給我們一間面對庭院有小陽台的房間，並且主動告知進出大門的一些規定和密碼，遇有空閒還親切地與我們話家常，頗有賓至如歸的感覺。

巴黎地鐵在全面實施機械化的同時，大量精簡人事，有的小站往往只剩一位服務員在窗口負責諮詢而不賣票。對於初來乍到的觀光客而言，要購買橘卡（週票或月票，要貼上個人照片）或十張票（un carnet），於自動販票機的操作並不是那麼在行熟練。初到的第一天，在梭瓦集門（porte de Choisy）站，遇見一位黑皮膚的女服務員，聽說我們要買橘卡，主動幫忙修剪並安貼照片，而且面帶笑容的從邊門走出來，親切地指導我們如何投幣購票，讓筆者對黑人的觀感為之一變！

令人驚艷的新猷

幾年不見，法國也有幾項新猷，令人驚艷，值得一提。

第一個驚艷，步出戴高樂機場，便可以免費搭乘往來於第一機場和第二機場之間的接駁快速火車（train ovale），其中間站便是郊外快速火車（RER）藍色線的起站──戴高樂機場站。這項交通新建設，據

說是在2007年6、7月間啟用的，對於接駁川流不息的旅客，真是便捷不少。

　　第二個驚艷，發生在凡爾賽宮御花園，雖沒有前者那麼出色，但也值得一敘。過去除王宮外，要賞遊大離宮（grand trianon）、小離宮（petit trianon），或漫步大運河以及皇后的茅屋、磨坊和農場等處，除了靠兩條腿走路外，便是乘坐有車夫駕駛、價錢昂貴的兩輪大馬車代步。現在，那種古色古香的馬車已不復見，代之而起的是一種迷你小火車。從王宮起站，沿途設小離宮、大離宮、大運河三站，繞一圈後再回到原處。大約每隔一刻鐘一班，每到一站可以任意下車參觀，參觀畢再搭乘下一班車繼續前往。若在小離宮下車，步行約十五分鐘，

皇后的茅屋

可以到皇后的茅屋、磨坊和農場參觀，農場依舊蓄養不少豬、羊、雞、鴨等家禽，有專人維護照顧。無軌小火車只有三節車廂，沿著石子路或土質路慢速前進，每張票6歐元，對於想節省體力，快速到此一遊的觀光客而言，是一大福音。

附帶一提，凡購買凡爾賽聯票（passeport Versaille, 火車票加進宮門票，21.45歐元），還可以享用導覽視聽器（audio-visuel），進宮參觀時，一機在身，只要隨著參觀房間號碼，按下視聽器上的數字，便有八種語言為你仔細導覽，令人驚艷的是現在也增加了華語說明，聽來倍覺親切，這也是過去所沒有的。

此外，喜歡創新的法國人竟然在凡爾賽宮後院廣場上，新擺置了一副白色巨怪骸骨，令人觸目驚心，與整個宮殿的建築和園林的設計極不協調，感覺十分突兀。這與在協和廣場（Place de Concorde）上新添設一座巨型摩天輪一樣，都有不倫不類、多此一舉的感覺。

巴黎夜話

旅遊兼訪友敘舊是天經地義的事。我們下榻的旅舍與本會巴黎分會副會長曾輝所經營的東方旅行社，相距不逾百公尺，因此常有機會見面餐敘。在他的倡議和盛情邀約下，飽啖了兩頓在國外難得嚐到的中菜料理，口福不淺，更見證了「店不在大，有名廚則靈」的話。

御花園的白色巨怪骸骨

在巴黎第十三區，一對來自柬埔寨海南籍華僑夫婦所經營的「珍記」，店面外觀並不起眼，屋內設座也有限（主要為外賣），故必須事先訂位才行。該店以烤羊腿獨門絕活享譽僑界，色香味無一不棒，連法國朋友在嚐鮮之後也讚不絕口。

在「工藝美術」（Arts et Métiers）附近的「家常菜館」，晚上店招故意不亮，但卻座無虛席。這家由杭州來的一對夫婦所開的餐館，以水煮牛肉、清蒸鱸魚、活烤田雞等招牌菜聞名。是晚老闆小徐親自掌廚，客人尚有吳玉倫（前《歐洲日報》總編輯）、范一夫（大陸名畫家范曾長子）等人。在三杯紅酒下肚後，大家天南地北閒聊，聊著就聊到一位本店常客，來自台灣的老留學生王魯。王魯，山東人，台灣輔大畢業，結過三次婚，多才多藝，書法別具一格，可惜前不久過世了，但見牆上掛滿他信手拈來、隨興一揮的戲作。茲順手抄下兩小幅，與同好分享：

其一
雪菜炒筍尖，
麻辣大白菜，
家常老鴨煲，
問君幾時來。

　　　　　　王魯　二〇〇四年戲書

其二
巨口細鱗，

欽名曰鱸，

雖無東坡，

幸有小徐。

　　家常菜館由小徐主廚政，巴黎老饕聞香而至者不絕於途，書此以賀。

　　　　　癸未　王魯

　　范一夫長得與民運人士魏京生頗為神似，他自己也同意我的看法。筆者早年到南開大學參訪時，與范曾有一面之緣，在王永祥教授陪同下，參觀過他在東方文化藝術廳（係邵逸夫所捐建）所展出的個展。前年曾輝兄來台，曾攜來范曾在巴黎為筆者所書巨大橫幅「室靜蘭幽」四字相贈。飯後已近凌晨，不顧明日一早就要搭機返台，仍應一夫之邀，大夥安步當車，同到附近他的「藝舟山房」（亦為范曾所書）工作室參觀。與范曾、范一夫兩代人相隔十年，在天津、巴黎兩個不同地方各見一面，亦是一種緣份，為此次巴黎行增添一段談助，是為記。

　　　　　（原載《僑協雜誌》，107 期，民國 96 年 11 月，頁 67-69）

法蘭西
驚艷

注1： 本段部分資料，引自：（一）吳錫德編著，《法國製造──法國文化
關鍵詞一〇〇》，麥田出版社，2006年3月，頁108。（二）陳炎鋒
著，《喔！巴黎──攝影，詩文》，台中印刷出版社，1982年3月。

漫步巴比松

巴比松（Barbizon）原是巴黎東南方靠近楓丹白露（Fontainebleau）森林的一個小村莊，位於平原和森林之間，住的主要是農夫、採石和伐木工人。十九世紀中葉因田園派畫家，如胡梭（Theodore Rousseau, 1812-1867）、柯洛（J. B. C. Corot, 1796-1815）、米勒（Jean-François Millet, 1814-1875）等雲集，成為「巴比松畫派」的大本營而聞名，現在則有「畫家村莊」（village des peintres）的美稱，已是觀光客尋幽訪勝的一個重要景點。每逢週末或假日，做為巴鎮主幹道的大街（grande rue），一大早就停滿了來自四面八方的汽車，讓平日略顯幽靜的小鎮頓時熱鬧起來。

米勒和他的工作室

星期天一大早，我們便開車從巴黎出發，約一小時左右抵達聞名已久、嚮往多時的巴比松。先到附近的觀光中心（office du

巴比松景點示意圖

tourisme）索取資料，並設定所要參觀的幾個景點。第一站是米勒工作室，雖然觀光中心的服務人員提醒我們，今天米勒工作室關門休館，我們還是漫步前往一探究竟。到的時候，門上果然掛著「關門」的牌子，巧的是門口正站著一位中年婦女管理員，一問始知今天雖然閉館，但仍接受預約，有一團日本遊客要來參觀。既有例外，一切好辦，總不能自動放棄機會。於是鼓起三吋不爛之舌，說動對方讓我們也買票入內參觀，一償夙願。

米勒出身窮苦農家，從小幫助父親勤勞地從事耕作。在發現他有繪畫天才之後，父親就把他送到瑟堡（Cherbourg）美術學校讀書，並因才華畢露，1837年獲得一筆獎學金前往巴黎習畫。最初進入浪漫派

米勒工作室的招牌

畫家戴拉勞西（Delaroche, 1797-1856）的畫室深造。無奈一個農家出身的子弟突然踏進花花世界的巴黎大城市生活，一切顯得土裡土氣，因此常受到同學們的奚落。考慮巴黎居大不易，同時為了逃離肆虐巴黎的霍亂流行病和避開1848年革命所帶來的騷亂，於是舉家在1849年遷居巴比松，甘願忍受一切農村的清貧生活，並開始描繪巴比松的鄉野與農夫。果然皇天不負苦心人，翌年他以「播種的人」參加沙龍展，獲得畫壇空前的好評。

在「播種的人」之後，米勒又陸續畫了多幅以農夫和農村為題材的畫，例如「砍柴的婦女」、「牧羊歸來的人」和「拾穗」等作品。然而這些描寫農夫窮苦生活的作品，竟有人認為他是一個社會主義的煽動者，而受到學者的嚴厲批評。特別是「拾穗」這幅畫，完全暴露當時歐洲農村的貧苦狀態，畫中拾穗人完全是靠撿拾麥穗來維生。正因為米勒的畫有一種強烈的社會主義色彩，於是遭到資產階級的抵制，使他的畫乏人

米勒工作室的外觀

米勒作品的展覽室

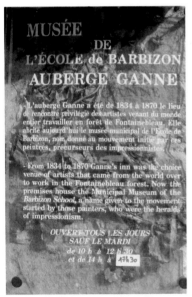

干拿客棧的英、法文說明

問津，也使他陷入極度貧困的生活中，有時甚至連一日三餐都成問題。

米勒工作室分為兩層，當年是向房東租住的，樓上是他的起居室（不開放），樓下有兩個展室，第一個展室展覽米勒的所有大小作品，當然包括大家所熟悉的「拾穗」、「晚禱」等在內。第二展室是可以出售的複製品，稱得上琳瑯滿目，美不勝收。米勒工作室看來是個私人機構，以複製品的販賣所得來維持工作室的經費。

畫家客棧

除米勒工作室外，想一窺巴比松畫派的歷史，有兩個去處，一個是干拿客棧（l'auberge Ganne），二是胡梭住家兼工作室（la maison-atelier de T. Rousseau），它們是當年畫家們駐足棲宿的主要所在，現在兩者構成了巴比松畫派的省級博物館。1834年一對經營食品店生意的干拿夫婦開設了這家客棧，它收容了來自世界各地尚未成名的

「畫家客棧」的外觀

田園畫家和動物畫家，讓他們有個遮風避雨的棲身之所，並供應家庭式的溫馨伙食。這間被畫家稱做「綠色首都」的客棧，牆上爬滿常春藤，院子種滿玫瑰。它主要有兩層，樓上是寬窄不同的畫家臥室，共有六間，一樓有廚房和餐廳，雖經過多次修復，但大致保持原狀。白天，畫家們背上畫架，離開斗室，前往平原，鑽進森林，開始他們例行的工作。客棧的登記簿至今仍然奇蹟似地保存下來，上面記載著每一位房客的進出日期和停留時間。

胡梭的家

　　胡梭是巴比松畫派的領導人和中堅份子。胡梭十四歲開始學畫，從青年時代起，便有作品被選送沙龍，但一再被拒於沙龍展門外，故被戲稱為「偉大的遭拒畫家」。從胡梭身上，我們看到，巴比松是當時非主流畫家的集結地，他們逃離了冷酷而現實的巴黎，在這廣闊無垠的森林裡找到自然，並拾回自我和自信。就許多畫家而言，這裡也是在他們窮困潦倒的人生當中，讓畫筆得以繼續揮灑的化外天堂，只要苦撐待變，轉機是有的，希望是存在的。

　　1847年胡梭來到巴比松，在此定居落戶，直到1867年逝世。
胡梭的家，過去每逢週末或假日，是接待巴黎訪客聊天談心的好
去處。1863年，幾位年輕的印象派畫家，如莫內（Claude Monet,
1840-1926）、西斯來（Alfred Sisley, 1839-1899）等也來到巴比松，與巴
比松畫派的大師們相互切磋。莫內的那幅「森林中的野餐」就是這裡
完成的。現在，這個家有很大的改變。1981年，在此正式設立了博
物館，主要展出胡梭和當代畫家的畫。自1995年，胡梭的家與工作室
和干拿客棧聯合在一起，並於2004年成為省級博物館，收藏作品逾百
幅，均為名家之作，值得參觀。

（寫於 2007 年 11 月）

華人風采篇

吳稚暉與旅歐教育運動

引言

　　所謂旅歐教育運動，可說隨著中華民國的誕生而同時出現，係由具旅歐、留法背景，並富無政府主義色彩的若干同盟會志同道合之士，如李石曾（煜瀛）、吳稚暉（敬恆）、蔡元培、張繼等人所倡議，鼓勵青年學子到法國、比利時等國留學，或以工兼學，旨在扭轉自清華留美以來「美雨壓倒歐風」的留學熱潮，讓歐美學術運河平均輸灌，其終極關懷在溝通東西文明，融合中外學術，另創一種新文明，為人類開一新紀元。

旅歐教育運動的內涵

　　吳、李等人所創辦的旅歐教育事業，內涵十分豐富而廣泛，大致可分為以下兩大類：

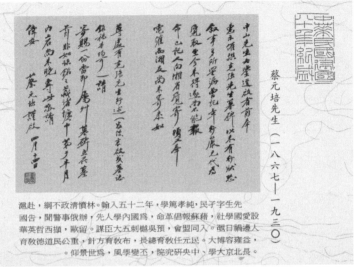

蔡元培先生（一八六七—一九三〇）

滬赴，網不政清憤林。翰入五十二年，學篤孝純，民子字生先
國告，聞警事俄辦，先人學內國為，命革倡報蘇藉，社學國愛設
華英哲五擷，歐留。謀臣大五刺樾吳預，會盟同入。昭日禍邊人
育教德道民公重，針方育教布，長總育教任元民，大博容雍益，
。仰景世為，風學變丕，院究研央中、學大京北長。

支持旅歐教育運動的蔡元培及其書法

筆者在中華粥會吳稚暉逝世紀念會
上講「吳稚暉與旅歐教育運動」

講演畢，筆者獲頒感謝狀

（一）學會與學社

1. 留法儉學會

留法儉學會於民國元年由吳稚暉、
李石曾、張靜江（人傑）、齊竺山
等人發起於北京，旨在「納最儉之
費用，求達留學之目的。」凡年滿
十四歲，欲自費留學而每年至少可
籌五、六百大洋者，皆得為該會之
同志。該會對於會員既不助資，亦
不索償，唯有以言論或通信指導旅
行，介紹學校等之義務。

留法儉學會並附設法文預備學校

於北京，為學生補習法文。及華法教育會成立後，又設有保定育德中學、高陽布里村工藝實習學校等留法班。經由此一管道赴法者，約在八十人以上，百人以下，其中比較著名者有李書華（曾任教育部長、中央研究院總幹事）、李宗侗（曾任台大歷史系教授）、鄭毓秀（即魏道明夫人）等以及共產黨人物蔡和森、李富春、李維漢、劉少奇等。

2. 勤工儉學會

民國四年夏，李石曾居巴黎，與豆腐公司員工李廣安等人發起勤工儉學會，以「勤以作工，儉以求學，以進勞動者之知識」為宗旨。該會成立後，李氏等更倡工作一年，讀書兩年之說，一面在國內設立預備學校，一面與法人共同組織華法教育會以為推動，共謀學生出國與謀工之便利。此外，吳稚暉於民國五年在《中華新報》發表〈朏盦客談話〉長篇連載，以其親歷之經驗，為勤工儉學廣為宣傳、指導；華林於民國六年回國，極力鼓吹各縣籌縣費派遣學生，影響所及，留法勤工儉學幾為舉國公認之唯一要圖，自總統以至學者名流莫不竭力提倡、贊助，是以至民國八、九年間形成一股巨大浪潮，前後湧至法國者近兩千人，其中以四川省為最多，湖南、直隸等省次之。其中包括周恩來、鄧小平（希賢）、徐特立、陳延年、陳喬年、王若飛、蔡暢、向警予、賀果、何長工、李立三、陳毅、任卓宣等人。

3. 華法教育會

民國五年三月，中法兩國文化教育界人士蔡元培、吳稚暉、李石曾、歐樂、穆岱等人，鑒於袁世凱稱帝，國體阽危，為聯結同盟

國之需要，遂於巴黎共同發起華法教育會，做為旅法華人文化教育事業以至實業的總機關。它的任務主要是發展中法友誼關係，組織中國學生到法留學，辦理華工教育，在法國創辦華人學校和講習班，編輯刊印中法文書報，促進中法文化經濟交流等。華法教育會在巴黎發起後，也在國內各地成立分會，展開各項活動。華法教育會既是旅法華人教育事業的總機關，隨著勤工儉學運動的蓬勃發展，它自然取代原來的留法儉學會、勤工儉學會的功能，在遣送學生赴法、接洽並代購船票，乃至到法後之照料，包括覓工、覓校以及維持與接濟方面，做出了重大的貢獻。

4. 世界社

據《旅歐教育運動》一書所載，民國元年，旅歐同志吳稚暉、李石曾、張人傑等人於滬上發起世界社，其宗旨在「傳布正當之人道，紹介真理之科學。」方法定為甲乙丙丁四類，分為出版書報、推廣研究（遠東生物學研究會、美術研究會）、留學（留法儉學會、勤工儉學會）、傳布（進德會、社會改良會）四大項。

另據楊愷齡為文指出，早在一九〇六年，李石曾、吳稚暉、張人傑等人，即於巴黎達盧街二十五號成立世界社，發行《新世紀》周刊，由張人傑負責經費，吳稚暉負責主筆及編輯排字，李石曾與蔡元培、褚民誼等供給文稿。政府遷台後，李石曾在台灣成立世界社聯合辦事處，在溫州街擴建世界社恆傑堂，以為聚會之所，兼以紀念世界社創辦人吳敬恆、張人傑兩人，鑄兩創辦人之銅像，懸掛吳、張、蔡三創辦人之遺作遺墨，朝夕瞻對，不忘前塵。

5. 巴黎華僑協社

成立於民國八年八月卅一日，是旅法華人的公共機關，其性質略如中國之會館及西國之協社。該協社座落在巴黎西北郊，距豆腐公司不遠，為法國別墅式建築，係李石曾與豆腐公司高陽工人所捐資購買。協社成立後，華法教育會、勤工儉學會、華工工會、中法協進會、巴黎通信社、華工雜誌社、法文補習班等十幾個社團均遷入其內。協社每周邀請中法名士即興演講，內容豐富，聽者踴躍，豆腐公司工人亦多往聽，這裡無形中成為旅法華人之家。法國政府顧問于格儒的美國夫人捐贈了一座軍用活動帳篷架在協社後院，篷內桌椅、火爐、杯盤、刀叉等用具一應俱全，用以安頓候工候學的勤工儉學生，暫時解決食宿問題。

（二）學院與大學

1. 中法大學

李石曾、吳稚暉、蔡元培等人不僅鼓吹留法勤工儉學，亦於民國九年，在國內創設中法大學，校址設在北京西山碧雲寺，李石曾任董事長，蔡元培任董事兼校長，吳稚暉等任董事。中法大學是一所私立大學，但其範圍頗廣，校區包括北京、西山、溫泉三處，在學制上取法國之所長，除大學本部各學院外，尚附設有中學、小學、農場、療養院各處所，儼然是一個小型的大學區制。大學部設文科、哲學科、數理化學科、生物學科，分別以服爾德學院、孔德學院、居禮學院、陸謨克學院命名。民國十七年，該校改名為北平中法大學。

里昂中法大學

2. 巴黎中國學院

歐戰結束，兵爭已罷，各項文物待興，巴黎既為萬國聚會，列強代表集中之處，凡百舉動，世界矚目，中國哲人除在國內籌設北京中法大學外，乃有在巴黎籌辦中國學院，翻譯古書，並以《四庫全書》為材料，傳播中國學術之構想。民國八年八月，交通部次長葉恭綽赴歐考察，偕韓汝甲以此意就商於法國前內閣總理班樂衛（Paul Painlevé）、漢學家伯希和（Paul Pelliot）。班氏極為贊成，並允主持其事，遂於民國九年三月廿二日成立巴黎中國學院（Institut des Hautes Etudes Chinoises）。中國學院之創設，對於中法邦交與學術交流均有重大之助益。學院成立後，得法政府之承認，附屬於巴黎大學內，命名為巴黎大學中國學院，內設講堂，可容百人，所藏圖書頗多珍品，以文學、哲學、歷史、藝術類為主。

3. 里昂中法大學

里昂中法大學的創辦，乃吳稚暉海外中國大學夢想的實現；由
於他的鼓吹，以及李石曾、蔡元培等人的支持和法國友人的贊
助，遂得於民國十年十月正式開辦。首任校長為吳稚暉。里昂
中法大學名義上自稱為大學，其實不過是預備學校性質，不客
氣地說，只是學生寄宿舍而已，其主要活動在於組織演講會及
法文補習，所以等於是一所為初到法國的中國學生特別設立，供
膳宿、發放公費、介紹入法國大學深造的學舍而已。該校從開辦
到民國三十五年關門，共有四七三名學生註冊，培養專才無數，
比較著名者有蘇雪林、崔載陽、汪德耀、楊堃、張若名、狄福鼎
（膺）、孫宕越、鄭彥棻、孫福熙、陳翔冰、潘玉良、常書鴻、
孫雲燾、金世鼎、林崇墉、李亮恭等人。

4. 中比大學

中比教育運動，為旅歐教育運動之分支。法比同文，壤地毗連，
故熱心中法教育之吳稚暉、李石曾、蔡元培等人，同時亦注意
及於比利時。中國學界與比國各界友人之往返，留法學生之或改
而留比，與留比學生之或改而留法者，其例甚多。比國曉露槐
（Charleroi）有工藝大學，於工藝之理論與實習，兩者並重，班次
林立，設備極優，最宜於勤工儉學生之練習，亦宜於高深工學之
深造。故與曉露槐工藝大學議組中比大學，先成立工業之部，以
圖有志工業者之便利。民國九年十月，蕭子昇與褚民誼與工藝大
學校長耶諾（M. Hiernaux）議定合組中比大學，一者可望比政府補
助經費，一者可促成庚款退還。民國十三年，曉露槐工藝大學中
國學生寄宿舍落成，自此學生就學於中比大學者，人數更多。其

中較為著名者有聶榮臻、劉伯堅、江澤民等人。

　　除上述重要的學會與海外大學外，尚可包括用以支援資助此一運動的若干相關企業，如豆腐公司、都爾（Tours）中華印字局、通運公司、開元茶店等；用以廣布宣傳的若干刊物雜誌，如《世界畫報》、《民德雜誌》、《學風雜誌》，乃至後來扮演更重要地位的《旅歐雜誌》、《華工雜誌》、《旅歐周刊》等。結合以上這些重要或比較次要的學會、學校、學社或刊物，前後銜接，國內外學術連成一氣，大體構成一個以北京、上海（國內）、巴黎、里昂（歐洲）為傳播中心的學術網絡，進行那時挫時興、艱苦備嘗，長達近半世紀之久的旅歐教育運動。

吳稚暉與海外中國大學的倡議

　　吳稚暉是位特立獨行的思想家，也是一位開創風氣不落人後的文化思想界領袖。吳稚暉曾撰〈海外中國大學末議〉一文，刊於《建設雜誌》，提倡以國內創辦大學之經費，移設大學於國外，「如此教師既易延聘，環境亦較清高，且可免除種種政潮之纏擾。」這是里昂中法大學設校的理論基礎。及該校成立，他復實際出任校長，「在那座平凡的草台，要與學生共唱很高等的曲子。」

　　吳稚暉心目中所擬設立之海外大學，實以法國巴黎為首要目標，旨在扭轉「美雨壓倒歐風」的留學潮流。吳稚暉的意見，獲得當時政治文教界有力人士如蔡元培、李石曾、汪精衛等人的贊同，甚至孫中山也表示支持。有趣的是，為何原先擬設於巴黎，後來改在里昂呢？

這主要可以從人和與所提供的物質條件兩方面得到答案。就人和方面言，眾議員穆岱、里昂市長赫里歐、國立里昂大學校長儒朋、醫學院長雷賓等人，不僅是中國之好友，且為法國政教之權威，其地位與聲望，在法國與國際間並不亞於蔡、李、吳諸人。尤其穆岱與赫里歐早在華法教育會時代即扮演重要角色，聞設中法大學之議，更首先熱烈贊成。從物質條件方面論，里昂大學的分科及高等專門學校均尚稱完備，僅次於巴黎。赫里歐市長並稱，在里昂西郊三台山上，適有報廢兵營一座，內有房舍，可容兩、三百人，交通便利，環境清幽，最適於教育用地，如有需要，彼可設法撥用。總之，里昂當地人士對中法教育所表現的無比熱心，所提供的種種口頭承諾與物質條件的方便，特別是有現成的兵營可改用，既省力又省事，打動了李石曾等人，無意中促成了海外中國大學在里昂的設立。

里昂中法大學的創辦，在中外文教合作史上，尤其中法教育史上，確屬一樁美事與創舉，可惜它的最大致命傷在於經費上「先天不足，後天失調」。身為一校之長的吳稚暉生活不拘小節，傾向率性而為，在校務實際運作上，處處受制於董事會秘書，有志難伸；面對接踵而來的內憂和外患，吳稚老也頗有力不從心之感！在他不得不急流勇退之後，學校辦學始終在現實與理想中掙扎，在風雨飄搖中苦撐！

旅歐教育運動與勤工儉學的分野

一部旅歐教育運動史，從留法儉學開始，歷經勤工儉學，而至里昂中法大學、中比大學的創設，旨在「勤以作工，儉以求學」，原

意在為國家培植人才，但論成果，儉學大致是成功的，但以工兼學，往往勤工之後即難以專心向學，故失敗並不意外。數以千計的勤工儉學生，程度參差不齊，年齡懸殊，從周恩來、鄧小平到任卓宣等人，大都只在語文補習學校或鄉間中學修習法文，或進工廠作工，始終未得大學門牆而入，能夠攻讀文憑者更是屈指可數。他們的注意力在發展共產黨組織，辦理《少年》、《赤光》等刊物，從事政治與思想鬥爭，最後從這些激進的青年當中，產生不少中國共產主義運動的領導者。這正是無政府主義者播種，而共產黨收穫，也應了一句中國俗話：「有心栽花花不開，無心插柳柳成蔭。」

旅歐教育運動與勤工儉學運動，表面上看來雖相接近，但本質上仍有若干不同。無論歷史的長短、範圍的寬窄、地區的大小，前者都比後者具備完整性、全盤性和一貫性。最重要的是，旅歐教育運動是主體，是本源，勤工儉學運動是分支，是部分。無可否認的，勤工儉學是旅歐教育運動中最重要的一環。從某種意義上說，它可能是其中最光芒四射的史篇，也是最扣人心弦的樂章，因為它不僅豐富了旅歐教育運動的內涵，而且強化了這個運動在中國近代史上不可撼動的地位。總之，兩者各有不同的本質和內涵，不能混為一談，也不必互相抹殺矮化，但勤工儉學運動畢竟不是旅歐教育運動的全部樂章，不能也不必完全取而代之，這一點史實俱在，應可以肯定。

李石曾與巴黎沙龍

李煜瀛（石曾，1881-1973）在二十世紀前半葉的中法文化交流史上，扮演了舉足輕重的地位。李石老早年係與張靜江同以隨員名義，追隨駐法公使孫寶琦到法國，先入蒙達邑（Montargis）農校就讀，修學三年，以優異成績畢業，繼入巴斯特學院（Institut de Pasteur）及巴黎大學理學院研究陸謨克之生物進化哲學、克魯泡特金之互助論以及蒲魯東之社會學，並以科學方法研究大豆之功用，嘗以法文發表大豆專書，為國人最早在法發表的科學研究專著。

李石老在法國，除與吳稚暉、張靜江、蔡元培等人發起組織世界社，創辦《新世紀》週報外，並設立豆腐公司，主張派遣華工參加歐戰，復倡議旅歐教育運動，鼓勵莘莘學子到法勤工儉學，且創設里昂中法大學以培養專門人才，而最為人津津樂道者，則是他與巴黎沙龍的結緣。

沙龍的起源

高貴的沙龍女主人

「沙龍」（Salon）至少有四意：客廳、文藝空間、展覽、店鋪。最早（1664）借自義大利文Salone，指的是王宮或豪門接待賓客的大廳，之後，轉為女主人接待其所供養的藝文人士並與之一起發表創作的場所。在咖啡館尚未普及的時代，這裡既是唯一的藝文空間，亦是唯一的政治論壇，它也是早期西方文化真正的搖籃。註1

在《石僧筆記》中，有一篇〈關於沙龍之瑣談〉的專文，石老引《辭海》，對於「沙龍」一詞，先做定義說：「沙龍（Salon），法語，亦譯薩琅，原義為客廳。法國當十八世紀時文人學者多集於權貴或美婦人之客廳，互相探討文學，縱談時事，風尚所趨，沙龍遂成為世界文化社會之中心址，今巴黎每年舉行之圖書彫刻展覽會，亦稱沙龍。」註2

從廣義的角度來說，沙龍代表的是一個非目的性的、非強迫性的社交形式，其凝聚點由一位婦女所構成。沙龍女主人是此一社交場合中極具份量的重要人物，她們個個生活富裕，才氣與機智散發磁鐵般的吸引力。她們設立一個深具素養又染有情慾色彩的場合，藉此激發有趣的對話，調解衝突對立，製造心靈的舒暢與精神的感動。在她們身上，施予者和接受者共聚一堂，構成一個具有思想張力的共同體。

沙龍女主人對各方面的獨創天才給予
贊助，將之糾集於一堂，使其連結為一
個特殊整體，充實所有在場參與者的心
靈。註3

巴黎的沙龍

　　事實上，沙龍早於十七世紀初便
已出現，這與法國在路易十四統治下政
情穩定和文學發達有密切關係。當時的
法國社會，人們自我改造的意願非常
之高，大家努力要把自己塑造成一位
高雅而有涵養的紳士淑女，故有許多關
於禮儀的手冊先後出現。但真正能幫助
這些人達成願望的，卻是名叫「藍屋」
的沙龍女主人郎布葉夫人（Marquise de
Rambouillet, 1588-1665），她為沙龍文化
進入歷史舞台揭開帷幕，她費盡心思把
中產階級出身的文人墨客與貴族中的社
會名流拉攏在一起，為他們製造一個和
睦相處、共聚一室的機會，並在彼此尊
重、毫無顧慮、暢所欲言的情況下，進
行那高雅而知性的活動。其他的沙龍可

高乃伊在朗布葉夫人的沙龍朗讀其劇作

能更注重文藝和高格調，但沒有一家比「藍屋」更有名氣。總之，中產階級與貴族的定期聚會，改變了法文的氣質，使它更為精緻，更加優美，同樣也促使作家們更注意人際關係的探討。

到了十八世紀，沙龍仍然是巴黎知性活動的主要場所。平時，有上百位有身份的女主人經營他們的沙龍，在這裡供應餐食，偶而玩牌，但主要在會話交談。盧梭稱這種談話「明智而不炫學，生動而不縱情，莊嚴而不乏味」。每家沙龍會有自己獨特的客人與談話內容，完全由女主人決定。有些著名沙龍的常客被認為是巴黎社交界和知識界的精英，或藝文界的領導人物。他們與開放的貴族和聰慧而優雅的仕女聚會，使得巴黎儼然成為引領歐洲風騷的文化中心。

吉奧弗林夫人所主持的沙龍

　　有趣的是，長期下來有名的沙龍女主人無形中已成為巴黎藝文界的仲裁者或庇護者，像孟德斯鳩、馬利佛（Marivaux, 1688-1763）、封丹奈爾（Fontenelle, 1657-1757）等人的作品在未發行之前，多先在朗貝爾侯爵夫人（Marquise de Lambert）的沙龍內唸述，接受大家的評論。任何人想要進入法蘭西學院（Academie Française）當院士，皆必須先在朗貝爾夫人的沙龍做過客人。此外，孟德斯鳩的《法意》一書，完全是透過登沁（Madame de Tencine）夫人的贊助才得以流行。狄德羅的《百科全書》一共二十八冊，其中有一半即由吉奧弗林夫人（Madame Geoffrin）所贊助。

　　當時歐洲各國的權貴聞人，若想進入法國上流社交圈，無不以沙龍為終南捷徑。吉奧弗林夫人的一位愛慕者曾見夫人座位四周環繞站立著歐洲各地來的權貴有三層之多。這些歐洲權貴人在本國若想知道巴黎藝文界的最新消息，便得與沙龍夫人常通魚雁，一聞巴黎有任何新書出版，他們立即訂購。聽到任何法國哲人遭到放逐時，即央求到他們的國度裡來。普魯士的腓特烈大帝鍾愛法文，他敬仰伏爾泰，與他文字通訊長達四十二年之久，並盛情邀請伏爾泰到波茨坦宮住了三年之久。俄國凱撒琳女皇曾邀請狄德羅的《百科全書》到俄國發行以避免法國的審查，並請他到俄國住了五個月。法國哲人，無論在北歐、南歐或中歐，甚至英國，都受到同樣熱烈地歡迎，這與沙龍女主人居間穿針引線極有關聯。

沙龍常客李石曾

李石曾在巴黎寄宿時，認識一位舉世聞名的法國地理學家邵可侶（Paul Recluse, 1837-1916），這是兩人訂交的開始。邵可侶指引石老接觸無政府主義思想，研讀巴枯寧與克魯泡特金的著作，並介紹他加入巴黎的政治和文化生活圈。自此，石老便成為南達博士（docteur Alfred Naquet）與杜珊娥夫人（Madame de Sanoit）兩家沙龍的常客，與無政府主義者、工團主義者常相來往。其後，石老同樣經常光臨梅道良夫人（Mme Ménart-Dorian）的沙龍，與急進社會主義者，如托馬（Albert Thomas, 1878-1932）、班樂衛（Paul Painlevé, 1863-1933）、穆岱（Marius Moutet）、赫里歐（Edouard Herriot, 1872-1957）、歐樂（Prof. Aulard）等人交往，成就了一個以北京、上海、巴黎、里昂為知識傳播中心，長達近半世紀之久的旅歐教育運動。

孫中山在巴黎

孫中山每過巴黎，必至世界社，雖然社中並無臥室、浴室等設備，但中山先生食宿所費，均由世界社擔任招待。1909年孫中山到法國時，在巴黎除與《新世紀》幾位同盟會同志交游外，並曾應石老之請，參觀其豆腐公司。石老不忘沙龍的功能，把孫中山介紹給法國的一些新聞界、藝文界、工會運動者以及議會激進派，從而為孫中山的革命贏得了各界知名人士的同情。

註1： 吳錫德，《法國製造──法國文化關鍵詞100》，麥田出版社，2006
年3月，頁127。

註2： 《李石曾先生文集》，中國國民黨黨史委員會出版，1980年5月，下
冊，頁101。

註3： 斐蓮娜‧封‧德‧海登──林許（Verena von der Heyden-Rynsch）原
著，張志成譯，《沙龍，失落的文化搖籃》，左岸文化出版，2006年
6月，頁27-29。

世界社的成立與內涵及其精神

世界社成立緣起

世界社於1907年成立於法國巴黎達盧街二十五號（25, rue Dareau），主要發起人有三位，一是李石曾（煜瀛），二是張靜江（人傑），三是吳稚暉（敬恆）。

先是，李石曾與張靜江以隨員名義隨出使法蘭西欽差大臣孫寶琦出使法國。兩人同行出國，一見如故，氣味相投，尚未動身，即有世界旅行團之計議，一切設想均以世界為目標。從北京到上海，再由上海至法國馬賽，在船上一連三、四十天，兩人仍時時研究將來如何達成中西文化教育交流的前途，由廣義的「至大無外」至狹義的「至小無內」，無論空間、時間、人間、物間，無不包括在內。其後好友吳稚暉亦以上海蘇報案被通緝，流亡英國倫敦，並應張靜江之邀，來到巴黎，共商發起世界社之志趣，並討論進行之具體計劃。最後由蔡元培、吳敬恆、

民國二十二年十月十五日，世界文化合作中國協會常務委員會議在世界社大樓文協會臨時辦事處舉行，中坐者：蔡元培，其左：吳敬恆、韋爾登（法國駐華公使，列席）、李石曾，其右：張人傑、陳和銑、莊文亞。

世界社故址：巴黎達盧街25號，李石曾於1932年重訪時合影。

張人傑、李煜瀛、汪兆銘、褚民誼等聯名正式發起，世界社於焉成立。

巴黎達盧街二十五號固為世界社之發軔地，亦即為革命黨人在歐洲活動之中心處所。孫中山每過巴黎，必至世界社與革命同志見面。

世界社的各項事業

李石曾是個十足的理想家，他自稱「廿二歲出遊四海，半世紀曾歷五洲」，具有超越時間、空間、人間、物

間的世界觀，放眼世界，以全人類文明的進步為志趣，故世界社的事業從教育入手，以著述或出版雜誌廣布宣傳為媒介，至高至大，無所不包，茲簡述如下：

（一）著述與出版事業

如在法國刊行之各項書報，始於巴黎刊行之《世界畫報》，《新世紀週刊》，《新世紀叢書》；後更有《旅歐教育運動》、《旅歐週刊》等。

（二）學術與研究事業

推廣「遠東生物學研究會」（研究生物學之理解與致用），附設化學試驗所、大豆研究所等。

推廣「美術研究會」；預備改良計劃，推行新樂等事。

續辦「人地學社」，附紹氏藏書樓。

（三）教育與文化事業

國外之留學運動如「留法儉學會」，附設法文預備學校、「勤工儉學會」、「海外大學」等；

國內之「中法大學」、「稚暉大學」等。

國內之各項教育文化機關，如上海之「世界學校」、「圖書學校」，北平與郊外之「孔德學校」、「法文專修館」、「戲曲學校」、「西山學校」、「溫泉學校」及七十農村小學等。

其他如學會、研究會、社、所、院、圖書館、重文館（為重疊之文，即文藝與文獻）等不可勝書。

（四）社會與經濟事業

如互助社（互相集資，維持無公費之自費生）、合作社、醫院、農村組織、工廠、公司、路礦、銀行等，亦在在皆是。

又如「進德會」與「社會改良會」。

海外之「通義公司」、「通義銀行」、「豆腐公司」等尤與革命運動、教育運動、建設運動均有密切之關係。

世界社的精神

世界社成立於巴黎，並推廣於上海、北平等地，它以世界之名出現於刊物，在革命方面則為一種秘密組織，它與同盟會領袖孫中山因革命工作而聯合；最初為友黨之關係，其後愈為密切結合。孫中山以

張人傑先生（一八七七—一九五〇）

。風土俠古有，財疏義仗，設建心醉，復匡存志，江靜字生先
出化文力致並歐在。命革助以，有所其傾度數，外海交訂父國與
所謀陰黨產共鳥不其使，政黨樞中持主，時伐北年五十。業事版
、礦煤、路鐵辦興，會員委設建長，後京南都黛。偉甚功厥，乘
。顯宏之化業工園中達期，業事等力電

世界社發起人
之一的張靜江
（人傑）

輔導人名義助世界社之發展，原有無政府主義色彩的李石曾、吳稚暉、張繼等人均加入同盟會為會員，然與一般黨員有稍異之點。

關於革命以後之國制問題，興中會、同盟會初主採用合眾政府或一元制之共和國，似有兩可之趨勢，後則趨於一元制之成分較多；世界社則主多元制之共和國，略如美國。最後雙方有充分之諒解，即孫中山定均權制度於建國大綱之中，說明不偏中央集權或地方分權之精神，而國制之商榷遂告段落。此節與中華民國憲法之精神與演進，有莫大之關係而不可疏忽者。

此外，孫中山不主張聯邦制度，乃根據事實以美國為反例。蓋美國已分於前，故須有聯於後；中國未分，故無所謂聯。當時世界社社友如吳稚暉、蔡元培、張靜江、張繼、李石曾等多人均傾向聯邦，或且主張甚力，並曾直接或間接與孫中山討論過此等問題。

吳敬恆先生（一八六五──一九五三）

先生字稚暉，幼志於學，二十七歲辛卯鄉試中式後，在滬極愛國學術，鼓吹革命。後留學英倫，在巴黎與張靜江、李石曾等成立世界社，刊發「新世紀」，開風氣，振人心。民國肇造，致力於國語統一運動，深植國族統一之基礎。北伐以後，先生翊贊中樞，決疑定難，關係國家安危甚大。而其高風亮節，識遠慮深，則尤為舉世所共仰。

世界社發起人之一的吳敬恆（稚暉）
和他的書法

法蘭西驚艷

【參考資料】

一、旅歐雜誌社編，陳三井校訂，《旅歐教育運動》，中央研究院近代史研究所出版，史料叢書27，民國八十五年五月。

二、中國國民黨黨史委員會編輯出版，《李石曾先生文集》，全二冊，民國六十九年五月。

三、楊愷齡撰，《民國李石曾先生煜瀛年譜》，台灣商務印書館，民國六十九年五月。

四、楊愷齡，〈李石曾先生與世界社〉，《近代中國》，第16期（民國六十九年四月），頁85-89。

李治華和他的翻譯世界

小引

翻譯是一件吃力不討好而又不為人所重視的工作，同時它也是一件報酬偏低、成就感亦不高的苦差事，無論外文翻中文，或中文譯外文，聰明人往往不肯輕易從事。可是苦中亦有其樂趣，假以時日，努力不懈，亦能闖出一番名堂來。在留法前輩中，據筆者所知，半世紀以來靠一枝譯筆能闖蕩文壇的，主要有傅雷[註1]、黎烈文[註2]、和李治華三人。傅雷在大陸，黎烈文在台灣，李治華則旅居法國，各有不同的成就。傅、黎兩人主要把法國名著譯成中文，李治華則反其道而行，把中國名著譯介給法國讀者。筆者與黎、李兩位均有一面之緣，本文專談李治華。

1982年秋，筆者獲得國科會的出國獎助，再度到法國進修一年，搜集歐戰華工的資料，同時注意留法勤工儉學問題。翌年

二、三月之交，承里昂第三大學李塵生教授的幫忙，由巴黎南下里昂搜集當年里昂中法大學的資料，並承李教授的介紹，於三月五日中午在一家名叫長城飯店的中國餐館，與李治華先生餐敘。那時李先生還不到六十歲，濃眉大耳，塊頭壯碩，操一口標準北京腔，講話不急不徐，一派溫文儒雅的樣子。我主要就資料所載，向他求證有關里昂中法大學的一些人與事的問題。

李治華其人其事

　　李治華，原籍安徽亳縣，1915年9月1日出生於北京，1937年畢業於北平中法大學服爾德學院法國文學系，從十三歲起，在國內學了九年法語，畢業時因成績優異於同年十月由中法大學公費保送到里昂進修，1942年獲得國立里昂大學文學碩士學位，翌年與法國女同學雅歌（Jacqueline Alézäis, 里昂大學文學碩士、巴黎女子師大畢業，教師檢定考試及格）結婚。自1948年起，先後擔任法國科研中心（C. N. R. S.）實習員、助理研究員；巴黎東方現代語言專校（Ecole Nationale des Langues Orientales Vivantes）輔導員、代理教授、助教。1968年，巴黎第八大學副教授，1980年退休，1992年入法國籍。在1981年於里昂成立的歐洲華人學會上被選為副理事長（理事長為瑞典的黃祖瑜教授），並擔任《歐華學報》主編。2002年法國文化部因其翻譯《紅樓夢》貢獻卓著而授予「法國文藝中級榮譽勳章」。2003年中國紅樓夢學會等單位授予李治華夫婦「紅樓夢翻譯貢獻獎」。2005年12月，由北京商務印書館為其出版文集《里昂譯事》。現年九十二歲，住里昂附近的泊朗

驛（Blanzy）小鎮。膝下有二子二女，
家庭生活美滿。

翻譯《紅樓夢》的緣起和過程

中年時期的李治華

　　一個人耗用二、三十年的寶貴光陰
去翻譯一部文學作品，大概只有傻子才
肯幹的事。不過，李治華之翻譯《紅樓
夢》，不但沒有後悔，相反的只感到充
實、愉快和幸福，他在自己的翻譯世界
裡找到悠遊的樂趣，並引為人生最大的
安慰。

　　五十年代初，聯合國教科文組織
（UNESCO）通過翻譯出版《中國古典
詩選》和《紅樓夢》的計畫，經過慎重
的考慮決定邀請李治華夫婦負責《紅樓
夢》的翻譯，並且由著名的法國漢學家
鐸爾孟（A. D'Hormon）擔任校閱，鐸氏
曾在中國生活過四十九年，他是北平中
法大學的創辦人之一，長期講授法國詩
歌戲劇及中譯法課程，直到五十年代初
才離華返法。這時他已過退休之年，隱
居在巴黎近郊的華幽夢（Royaumont）

李治華與夫人雅歌

法國漢學家鐸爾孟（1964）

《紅樓夢》法文版

文化中心，在他人生旅程的最後十年，幾乎足不出戶，把全部時間和精力都奉獻給《紅樓夢》法譯本的潤飾工作。這兩位具有師生關係的合作伙伴，在翻譯過程中非常嚴肅認真，一絲不苟。他們每週見面兩次，每年暑假小敘一、兩個月，以便切磋討論，推敲潤色。可惜，沒等到全部工作完成，鐸氏就在六十年代初溘然長逝。鐸氏去世後，所留下的重擔就由李治華和其夫人承擔。轉眼間又過去近二十年，這部譯作終於在1981年付印出版。據李治華透露，光是勘定校樣，就花掉他們夫婦倆人十四個月的時間。單就這個例子而言，便足以說明這項工作是多麼的艱鉅浩大了。

法譯本出版發行那天，李治華寫了一首〈自題小照〉：

胸懷壯志走他邦，

迻譯瑰寶不識狂；

卅年一覺紅樓夢，

平生夙願今才償。

這是一幅真切無華的解開曹氏癡味的李氏癡情的自我素描。

　　法譯本《紅樓夢》，由法國有名的嘉利瑪（Gallimard）出版社出版，列入七星（La Pléiade）叢書，分上下兩冊，全書採用聖經紙，印刷精美，羊皮面，有封套。法譯本還增加了譯者長達七十二頁的序言，簡略的參考書目，一九九張原版繡像木刻插圖，四百多個中法人名對譯表，外加大觀園地圖和一百多個地名表，可見工程之浩大。

　　《紅樓夢》法譯本第一刷印製一萬五千本，第二刷印製八千本全部售罄，第三刷又印製六千本，銷路不減。法譯《紅樓夢》的問世，使法國及世界其他地區的法文讀者，對中國十八世紀的歷史面貌，對中國幾千年光輝燦爛的文化有了更親切、更真實的感受。李譯法文《紅樓夢》出版之後，在法國引起了轟動，也由於這本譯作的流傳，進一步推動了中法之間的文化交流。法國書評家道出了他們的感想：「全文譯出中國五部古典名著中最華美、最動人的這一巨著，無疑是1981年法國文學界的一件盛事。……人們就好像突然發現了塞萬提斯和莎士比亞」。

里昂譯事

　　李治華與法籍妻子雅歌志同道合，歷時二十七年，除傾力完成巨著《紅樓夢》之外，還翻譯過魯迅、巴金、老舍、艾青、姚雪垠等現代文學名家的作品。可以說，李治華的一生悠遊在翻譯世界裡，而且樂在其中。他總結自己的

李治華近著《里昂譯事》

翻譯經驗，可以用四個字來概括：

1. **愛**——如果對這個工作沒有深摯的熱愛，誰也不肯貢獻他寶貴的光陰。

2. **恆**——如果沒有堅強的毅力，那是無法勝任的。

3. **選**——中國的文學作品如汗牛充棟，介紹那些作家、那些作品，選擇的正確與否是成功的關鍵。

4. **時**——時間的因素不容忽視。第二次世界大戰之後，中國引起了西方人的重視和好奇，讀者對中國文學作品逐漸發生了興趣。

對於用法文翻譯《紅樓夢》，李治華也指出必須有三大條件：

1. 中文底子要好，文學修養特別是中國古典文學底子要好，民俗底子要好，語言底子要好，否則玩不動；

2. 法文底子要好，這是天經地義的；

3. 最好長期在法國生活，法國的枝微末節都熟悉，太太或者丈夫最好是法國人，身旁等於有本活字典。

李治華本人恰好具備這三個條件，所以他便成了最適當的法文翻譯人選，這無疑也是成功的有力保證。

翻譯之餘，李治華偶有隨筆，回憶話舊之作，述家庭，敘戀愛，憶里大，談翻譯經驗，論文化交流，文字樸實、淡遠情真。北京商務印書館已將這些舊作結集，於2005年12月出版，書名《里昂譯事》[註3]。讀者有興趣，不妨購讀。

（原載《僑協雜誌》，104 期，頁 36-39，民國 96 年 5 月）

註1： 傅雷（1908-1966），即鋼琴家傅聰的父親，上海南匯縣人，1927
年冬離滬赴法，專攻美術理論與藝術評論，重要譯作百餘種，已編
為《傅雷譯文集》出版，較著名者有羅曼·羅蘭的《約翰·克里斯
朵夫》（1937）、巴爾札克的《高老頭》（1946）與《邦斯舅舅》
（1952）等。

註2： 黎烈文，法國第戎（Dijon）大學文學碩士，曾任台灣大學外國文學系
教授，重要譯作有斯湯達爾的《紅與黑》（1994）、莫泊桑的《兩
兄弟》（1990）、《脂肪球·流浪者》（1982）、羅逖的《冰島漁
夫》（1967）等。

註3： 本文參考下列資料完成，特此致謝。

(1) 李治華著，蔣力編，《里昂譯事》，北京商務，2005年12月。

(2) 歐洲華人學會出版，《歐華學報》，第一期，1983年5月。

(3) 祖慰著，《西行的黃魔笛——異域華人人物譜》，歐洲日報叢書，
聯經公司出版，1992年10月。

(4) 李治華，〈李治華回憶片段〉，紐約《海內外》，第35期，1982
年5-6月。

(5) 劉志俠，〈李治華與《紅樓夢》法譯本〉，香港《百姓》第10期，
1981年10月。

(6) 文良言，〈旅法翻譯家李治華訪問記〉，《歐洲時報》，1983年6
月8-9日。

結緣《歐洲雜誌》

　　1964年9月中華民國與法國斷交後不久，筆者未受到政治的影響，仍然得以到巴黎留學。當時所認識的留法前輩，諸如吳其昱、左景權、張馥蕊、何珍蕙夫婦、趙明德、劉學敏夫婦、胡繼熙、李治華、錢志豪、趙麟、熊秉明、程紀賢（抱一）等人，有些是在1930年代便到法國留學的，也有的是在抗戰結束前後去巴黎的。

　　1965年春，一批從台灣去的留學生，以馬森、金戴熹（恆杰）為首，在巴黎創刊了《歐洲雜誌》，希望繼承前人遺志，多介紹歐洲文明，以扭轉「美雨壓倒歐風」的潮流，讓歐美學術運河得以平均輸灌。據參與其事的金戴熹後來回憶，熊秉明、趙麟、程紀賢三位來自中國的前輩，都以文稿支持，尤其是熊秉明，自第三期到停刊的第九期（第五期除外），每期都有文章發表，文章之深度

熊秉明和紀念他的書

與力度，已有公論。熊秉明在〈自己的話〉中也説：「1965年台灣來了一批留學生，編《歐洲雜誌》，約我寫稿，激起我的好奇心；廢擱了二十年的中文，再撿起來會是個什麼樣子？我分析了余光中、林亨泰的詩，寫了個《看蒙娜麗莎看》一類文章，自己寫得很有興趣。」

翻閱《歐洲雜誌》，熊秉明是用「江萌」的筆名為雜誌撰稿的。他的譯作和創作共六篇，茲分列如下：

第三期　　「絕對」的追求　　　　沙特原著（譯）
第四期　　談賈可梅提的雕刻
第六期　　關於余光中《蓮的聯想》——論三聯句
第七期　　關於郭良蕙的《心鎖》
第八期　　「人之地」兩章
第九期　　一首現代詩的分析

《歐洲雜誌》的文友見面，有時約在拉丁區的咖啡館，有時到馬森家。筆者是雜誌的忠實支持者，曾分別以不同的筆名寫了幾篇文章，回國服務後還承接了第九期的校對和出版工作。但與熊秉明、程紀賢等人見面的機會並不多，只能説以文會友，透過《歐洲雜誌》對他們的作品有粗淺的認識。

書香世家

熊秉明（1922-2002），1922年生於南京，2002年因腦溢血猝逝於法國，享年八十歲。父親熊慶來是中國著名的數學家，函數論研究的開拓者，1913年到比利時讀書，第一次世界大戰爆發後轉到巴黎讀中學、念大學，在亨利‧保安卡累學院（Institut Henri Poincaré）研習數學，1921年學成歸國。第一份工作是東南大學（南京大學前身）算學系系主任。1926年，應清華大學之聘，舉家遷居北平。楊振寧的父親楊武之也是清華大學教授，因此兩家過從甚密，熊秉明與楊振寧更是兒時的同學，兩人的感情很深。他在燕京大學附屬中學讀書，三年初中，成績是全班第一，講演更是全校第一。

抗戰開始，清華、北大、南開等校聯合遷校昆明，是即西南聯大。熊慶來一度出任雲南大學校長，熊家跟著遷居昆明。1944年，熊秉明畢業於西南聯大哲學系，適逢「十萬青年十萬軍」風潮，他也響應從軍，當了二十個月的翻譯官。

留學法國與教學工作

1947年，法國政府提供四十個公費名額，其中有兩個是給哲學研究的，這兩個名額就由熊秉明和他的同學顧壽觀考取獲得。1947年他進入巴黎大學哲學系攻讀美學一年。翌年卻轉入巴黎美術學院跟著紀蒙（Gimond）教授改學雕刻。他改學雕刻的原因有四：其一，他主修的是西方唯心主義哲學，而當時國共談判破裂，重新開戰，國民黨

節節敗退，共產黨步步進逼，眼看共產黨就要得天下，他知道共產黨是信奉馬克思主義的，而馬克思主義的哲學基礎又是唯物主義，唯心主義與唯物主義是水火不容的兩大哲學派系，考慮到以後的前程，他毅然改學雕刻。其二，他改學雕刻，也不是心血來潮的貿然行動，而是有一定基礎的。他自幼喜歡東塗西抹，早在西南聯大求學期間，他就對雕刻產生了興趣，曾經為他的母親刻過一個頭像，這座頭像還獲得了老師的讚賞，所以改學雕刻，也是興趣所趨。其三，與他同住在一個宿舍的好友吳冠中有關，吳每天早出晚歸外出寫生，觸動了他的藝術愛好，觸動了他雕刻的技癢。最後一個原因，則是到巴黎之後他參觀了紀蒙教授的家所受到的衝擊。紀蒙教授是一位大收藏家，家裡陳列著古代各種文化中收集來的石頭雕像，他一見覺得像受到一記棒喝，那些頭像的精嚴、純粹、神奇，讓他領悟到這樣的雕像比寫出一篇哲學論文更給人滿足；這裡不止有大智慧的光芒、虔恪的信念，還瀰漫著活潑靈動的生機。

在兩年公費到期之後，做為一個職業藝術家，仍必須考慮到糊口養家的迫切問題。巴黎東方語言學校需要教師教中文，於是他立刻答應了，這樣一半的時間在學校教中文，教中國古代哲學，一半的時間徜徉在瑞士湖光山水之間（結婚成家所買的房子）打鐵作畫，讀書寫文，儼然過著中國古代隱士般的理想生活。為了避免做永遠的助教，他不得不以學位為重，完成了博士論文——《張旭與狂草》。論文通過之後，解決了他的職位問題，也帶給他教授的頭銜和系主任的擔子，他在教育上匠心獨運，把語言教學、哲學教學和書法教學統統藝術化，卅年間培育法國漢學家無數，1983年獲頒法國棕櫚騎士勳章，

1989年10月正式退休，頗有「重返自然」的喜悅。

播種的人──四面出擊

　　楊振寧說過，熊秉明是一位極少有的多才藝術家，他的雕塑、繪畫、詩與書法理論都將傳世。

　　他的文章，他的詩，他的雕塑，都是千錘百煉敲打出來的。李明明也稱讚這位恬淡長者，「數十年來，發言為詩文，提筆作書畫，發表作品見諸筆墨者多，稱他為『境與性會』的文人藝術家，當不為過。」

　　而熊秉明卻自謙說，他的工作不曾專一。早在六十年代畫家丁雄泉便嘲笑他說：「你做的事太雜，做雕刻、畫畫、寫字、寫文章、教書。你手裡只有一把米，要餵四、五隻雞，如何養得肥？」這話有一定的道理，但是四、五隻雞之中，何者留？何者捨？很難做決定，到最後只好都飼養著，都只能是瘦瘦的了，甚至瘦到極限。

　　確實如此，除了擔任東方語言學校的教職外，熊秉明大半的精力和時間都消磨在雕塑、繪畫、詩作和書法上。他的成就，自有各方面的專家來評述，不用我這外行人贅言。在此僅就他的雕刻、詩作和書法略為介紹，以分享對他尚不熟悉的讀者。

雕刻孺子牛

牛，是雕塑家手中常塑的題材，也是熊秉明常塑不厭的對象。他手中的牛，不是荒漠中的拓荒牛，不是鬥牛，也不是牛棚裡供人食用的肉牛，而是在農田裡默默耕耘的水牛，他塑造過水牛的各種神態，其中最令人難忘的是一頭「跪牛」（吳冠中題名為「孺子牛」）。

楊振寧也為這默默耕耘的「孺子牛」題詞，認為它「塑造出二十世紀幾代中國知識份子的自我認識」。熊秉明也為「孺子牛」自題道：

> 仁者看見它鞠躬盡瘁的奉獻，
>
> 勇者看見它倔強不屈的奮起，
>
> 智者看見它低下前蹄，讓牧童騎上，
>
> 　邁向待耕的大地，稱它為孺子牛。

熊秉明水牛（一九六九），68×26×35 1969。讓的不僅是空間中的動物形體，更是時間裡的回讓。

熊秉明的

表作品如誌識

九五八），一九

（一九六九）也

雕刻孺子牛

它是中華民族的牛，

它是忍辱負重的牛，

它是任重道遠的牛。

對中國書法的獨見

　　熊秉明著有《中國書法理論體系》一書，被譽為中國書法理論豎起了一座里程碑。除了這部名著傳世外，熊秉明還發前人之未發，石破天驚地提出了一個名論：「中國書法是中國文化核心的核心」。為什麼呢？他先說明：「書法代表精神活動從抽象思維回歸生活的第一步，這是世界文化中十分奇特的現象，是中國藝術的基礎，是中國哲學的異果。」接著他的回答是：「一般研究中西文化比較的學者都承認一點，就是西方哲學有嚴密的邏輯系統；中國哲學則重視受用與人生實踐。西方哲學家努力在建構一個龐大而嚴密的思想系統，中國哲學家最關心的是心身性命之學，他們講『天人合一』、『內聖外王』、『極高明而道中庸』。中國哲學的努力也求建造一個觀念上說得圓融的體系，但最後不是走入觀念世界，達到絕對精神，進入天國達到神，而是要從抽象觀念中歸返日用實際。而從抽象思維回歸到形象世界的第一境的可以說是書法。書法的素材是文字，也就是抽象思維運用的符號。當我們欣賞書法作品時，就會浸沉於一種生命格調韻味，我們低吟玩味的同時，是哲學，是詩境，也是書法。」

詩作舉隅

　　熊秉明是一個藝術界的哲人，是詩與哲學的統一。他曾出版過詩評文集──《詩三篇》。他最早的冊頁詩──〈教中文〉，便是他較早的文字創作。由於他對杜詩的修養，使用文字時有獨到的力度。茲舉這首〈黑板‧粉筆‧中國人〉為例：

　　　　我的頭髮一天一天

　　　　從黑板的顏色

　　　　變成粉筆的顏色

　　　　而且像粉筆一樣漸漸

　　　　短了　斷了

　　　　短成可笑的模樣

　　　　請你告訴我

　　　　我究竟一天一天更像中國人呢

　　　　一天一天更不像中國人呢

　　　　這是黑板

　　　　這是粉筆

　　　　我是中國人

　　這首詩是熊自己絕妙的寫照。把教師譬喻為粉筆，較之譬喻為蠟燭更生活、更形象、更有悲愴的詩意。但熊先生在這裡卻追問著另一個問題：一個在西方文化中心巴黎教書幾十年的人是不是中國人？這當然不止是一個社會學的命題，而且也是一個文化與思想的命題。

　　李白的〈靜夜思〉是大家熟知的詩：

床前明月光，疑是地上霜，

舉頭望明月，低頭思故鄉。

秉明將每一詩句刪去一個字後，變成：

床前月光，疑地上霜，

舉頭明月，低頭思鄉。

又把詩句每句刪兩字，變成：

床前光，地上霜，

望明月，思故鄉。

再把每句刪三字後，變成：

月光，是霜，

望月，思鄉。

最後每句刪四字後，變成：

月，霜，望，鄉。

經過多次的刪減，而詩人原來的情思仍然留在詩句中。一個思想，多次反覆，多次提煉，多次升華，越來越簡潔，越來越完美，最後是高度的概括和抽象。科學是這樣，藝術也是這樣，這就是熊秉明的高明而獨到的見解。

騎士遠行成追憶

熊秉明旅居歐洲逾半世紀，1952年與瑞士女子結婚，育有四子，名有瑞、有夏、有昂（歿）、有真。自1979年起，夫妻兩人感情不睦，分室而居，1982年太太返回瑞士定居，但並未辦理離婚手續。

熊秉明與陸丙安於1999年的結婚照

1982年春認識陸丙安，兩人經過十七年的愛情苦戀，終於1999年1月正式結婚。

在太太陸丙安的眼中，熊秉明是一個可愛的小老頭，他待人親切和善，謙虛樸實，談吐文雅，一看便是位謙謙君子，仁厚長者。他擁有一顆沒有被污染的靈魂，在這個無處不被污染的世界裡，這樣的靈魂多麼難得，多麼難覓！

在長子有瑞的心目中，他是一個哲學家，一個人道主義者，也是一個莫測高深的人；他的中文、他的文化、他的國家、他的教學、還有他的書法，都是遙不可及的神祕領域，只能用兩句話來形容：「法師指月，門徒見指」。

在弟弟秉衡的記憶中，他自幼聰慧、勤奮、好學，成績出眾，還寫得一手好字，畫得一手好畫。他的作品，無論是雕塑、是詩、是散文、是評論、是翻譯……都是發自他的真情。

在朋友眼中，熊秉明作文與雕刻一樣，千錘百煉，精工細琢，咬文嚼字，嘔心瀝血，他寫得很慢，也讓讀者看得

慢，慢慢細嚼，反覆回味。他以藝術的眼光看哲學，把哲學看得更生動、更具體，以哲學的眼光看藝術，就把藝術看得更深層。對於浮名虛譽，熊先生是無動於衷的，也從不想步入被世人吹捧的「大師」之列。熊先生是屬於更高的層次，他走自己的路。

而所有這些，都隨著騎士的遠行空留回憶！他的仙去，像一盞明燈突然熄滅，而巴黎的夜空也跟著黯淡不少！

（原載《僑協雜誌》，108 期，頁 36-40，民國 97 年 1 月）

【參考書目】

一、 陸丙安編著，《對人性和智慧的懷念──紀念熊秉明先生》，上海文匯出版社，2005年。

二、 陳揚琳等著，《歐洲華人訪談錄》，聯經公司，1992年。

三、 祖慰著，《西行的黃魔笛──異域華人物語》，聯經公司，1992年。

苑國恩與巴黎《龍報》的創刊

西出陽關有「貴人」

　　在人生初航的旅途中，在異國短暫的學習生涯裡，能夠得到一、兩位原本並不相識的朋友之相助，那是畢生最引以為幸的快事，更是永誌難忘的回憶！民國五十三年（1964）在中華民國與法國斷交之後不久，筆者初到法國留學，就幸運地獲得幾位這樣的「貴人」相助。剛抵花都巴黎之時，因為生活節奏一時尚不能完全適應，加上課業繁重緊張，竟然發生失眠、耳鳴的現象，精神萎靡不堪。幸得我駐比利時文化參事傅維新先生的指點迷津和介紹，覓得里昂大學醫學博士華裔的趙明德醫師開方治癒，所以傅大哥可以說是我此次西行所碰到的第一位「貴人」。

　　當時留學生出國，帶的多半是結過匯的美鈔，如果到銀行兌換法郎，除匯率較低外還要被扣手續費。巴黎僑界還有位留學生

「貴人」，他體恤學生，願用較高的法郎收購美金，為同學謀點福利。介紹筆者認識這位「貴人」的是師大藝術系畢業在巴黎學畫的于兆漪，而這位「貴人」便是「中華藝苑」的創辦人苑國恩先生。所以說，苑先生是我西行的第二位「貴人」。時光荏苒，曾經中風後來返台定居的苑先生，雖然不良於行，但僕僕風塵往來於台北、新竹兩地之間，晚年頗能享受天倫之樂。民國九十六年六月十三日忽聞病逝台北三軍總醫院，享年九十二歲。噩耗傳來，令人哀慟不已！

苑國恩其人其事

歐洲僑界與早期巴黎留學生界，很多人都會認識苑國恩先生的。苑國恩（1916-2007），字惠民，河北省高陽縣人，與提倡留法勤工儉學的李石曾同鄉，別號「梅竹軒士」。少時就讀李石曾等人所創辦之私立北平中法大學附設的溫泉中學，隨後考進中法大學理學

《龍報》刊頭與創辦人苑國恩

院數學系。抗戰期間，為響應「十萬青
年十萬軍」之號召，親赴重慶報考中央
警官學校，畢業於該校特警班第三期。
後又參加軍事委員會外事人員第三期訓
練班。民國三十二年被任命為軍令部特
派員，派任西南運輸處擔任少校督察，
同時擔任國家總動員會西南區經濟督導
員，負責滇緬公路之運輸工作。

政府遷台後，先生向國防部報到，
並任職軍情局中校研究員。民國四十五
年赴法國留學，並全家移民定居巴黎。
為謀生養家，以家傳所學之漆器為基礎
創立「中華藝苑」，研發以中國古典漆
器裝飾家具，深受歐洲人士喜愛。

先生治家有術，教育子女有方，為
人親切而健談，並慷慨樂於助人。筆者
每次前往兌換法郎，常常在長談下並獲
邀留下享受一頓豐盛的晚餐，除藉機打
打牙祭外，並感受到處處有家的溫暖。
猶憶民國六十二年（1973）夏天，第廿
九屆東方學者會議在巴黎舉行，國內也
組織了一個由杭立武先生率領的十七人
龐大代表團前往參加。筆者當時正在法

苑先生訪問中研院時與筆者合影
於朱家驊館前

苑先生與次女芝珊小姐與筆者家人
合照於宿舍門口

花園別墅盛宴一瞥

盛宴場景，右坐者為筆者，中為李在敬，走動者為滕永康。

國二度進修，也躬逢其盛。事聞於苑先生，他堅持要盛情招待這批學者。在研討會閉幕後的一個星期假日，特邀與會人士和留學生約三、四十人，到其巴黎近郊鄉下花園別墅，以自助餐宴客，其中有一道特別的佳餚，便是端出自家菜園所生產的鮮嫩韭菜饗客。先生為了籌備這次盛會聚宴，除全家動員外，並特地大量添購座椅及碗盤、茶杯等飲食餐具，臨行並致贈每人一瓶上好法國白蘭地。這種熱情好客的作法，在巴黎僑界殆不多見。

　　先生在經營事業有成之餘，並與友人於民國七十年七月在法國成立「旅法河北省同鄉會」，同時也在巴黎成立第一所中文學校——「龍華中文學校」，一方面教導華僑子弟學習中文，一方面聯絡華僑情誼。此外，並發起設立法國法商總會，先生當選為首任理事長，致力加強工商界與華僑間之聯繫與交往，經常舉辦經貿活動，協助僑商開發商機，拓展業務。

　　民國七十年八月，創刊巴黎《龍

報》，翌年被遴選為歐洲地區第一屆僑選立委。卸任後被聘為僑務委員（共三屆），此外復擔任僑聯總會顧問、中國國民黨十二全大會代表以及黨務顧問，積極參與國民黨的海外黨務。

創刊《龍報》與出版《龍寶全書》

　　苑國恩先生對國家和僑界的貢獻以及對留學生的照顧，不擬在本文贅述，此處專談他創刊《龍報》始末。

　　法國之有中文報刊，最早可追溯到1907年李石曾、吳稚暉等在巴黎所創刊的《新世紀》，其後《旅歐雜誌》、《華工雜誌》、《旅歐周刊》、《少年》、《赤光》、《先聲》、《奮鬥》、《國民》、《三民導報》等紛紛出籠。抗戰期間比較有名的是《救國時報》。在晚近企業型大報，如《星島日報》（歐航版）、《歐洲日報》、《歐洲時報》出現前，《龍報》的出刊，倒是有它的階段性歷史地位。^{註1}

　　《龍報》（Long Pao）創刊於民國七十一年（1981）八月，嚴格而言，起初它只是「旅法河北省同鄉會」的一份會訊。該報發行人苑國恩在代發刊詞上明白承認：「《龍報》是一份由『旅法河北省同鄉會』創辦發行的中文刊物」。初期版面十六開，印刷五百份，分別寄送會員、會友以及海內外僑團。內容計分：國際要聞、國內大事、僑胞動態、學人近況、法律問題解答、醫藥保健、散文小品、旅遊雜感等，可以說是一份綜合性的華僑刊物，為旅法僑胞提供精神食糧。

　　龍是中國的象徵，取名《龍報》也與此有關。《龍報》的誕生，也象徵「龍的傳人」──旅法華僑的緊密團結。從同鄉會會訊出發，

從發行五百份到一萬多份，《龍報》的努力和進步是有目共睹的。

創刊時，為手抄油印，雜誌型十六開本，二十四頁。

民國七十一年一月一日《龍報》以嶄新的面貌出現。每期出一大張，分成四版，打字照相製版。

同年十月，擴大發行，巴黎及法國各大城市均設代售處，共有一千二百個分銷處。

同年十二月一日，改為半月刊，每月出報（一日及十五日）兩次，並擴大發行網，凡巴黎及外省之報攤、書店、機場、地下鐵、火車站以及各區中國商店均有代售。

民國七十三年一月一日，增刊為六版，拓廣國內外新聞、法令規章等八大項內容。

同年六月十五日，應讀者之督促，再增兩版內容，每期為八個版面。

同年十一月十五日，再次擴充版面，增加為十四版。

民國七十四年四月一日，為加強中法文化交流與溝通，改為《中法雙語半月刊》，法文版著重向中法讀者介紹中國歷史、文化、風土人情、名勝古蹟、神話傳說等方面的認識，除藉以達到國人不忘傳統文化外，並期增進法人對中國的瞭解。

同年十月一日，擴充為十八個版面，並開始附送法律與家庭專輯。

民國七十七年二月十七日，改版為週報，並增加內附小報——《龍德一週》。《龍德一週》刊登有關法律、家庭、旅遊、娛樂等消息和文章，四開本，共二十四頁。

　　民國七十八年二月十七日，應巴黎市長希哈克之請，特召集華僑華人五千人於巴黎市政府大廳，以盛大酒會共度元宵。《龍報》被指定為市府發布有關新聞之中文刊物。

　　民國八十一年八月，《龍報》創刊十週年，特出版《龍寶全書》。是書共分十四章，除介紹歐洲經濟共同體與法國概況以及華僑社團外，並提供日常工作與生活指南，包括移民、居留、入籍、創業、受薪、求學與就業、餐旅業經營、社會保險、房屋租賃與購置、婚姻與繼承、司法與日常糾紛等問題之相關法令規定和辦理手續。內容豐富，資料齊全，達四百餘頁。對當地僑胞而言，不僅是一本實用大全，更是人人必讀必備的一本百科全書。[註2]

　　《龍報》於民國八十四年停刊，如今它的創辦人苑國恩先生又與世長辭，睹報思人，不勝唏噓！

　　　　　　　　（原載《僑協雜誌》，106期，頁24-27，民國96年9月）

註1：陳三井，〈法國華文報刊的發展與演變〉，收入華僑協會總會出版《海外華族研究論集》（2002年6月），第三卷，頁251-280。

註2：龍報出版社編印，《龍寶全書》（1991年9月），參閱發行人序文及目錄。

輯
三

學苑風華篇

羅浮博物館
——展示人類文明進步的寶庫

巴黎三大名勝古蹟

　　一個初訪花都巴黎的觀光客，有三個被列為第一優先必須觀賞的名勝古蹟，那就是艾菲爾鐵塔、巴黎聖母院以及羅浮博物館。由於三者的性質迥異，看後予人的印象和觀感，亦自然有所不同。

　　艾菲爾鐵塔是巴黎的地標，登上三百公尺高的鐵塔，俯覽塞納河以及全巴黎市，除了感嘆鐵塔本身工程的精巧和南北座向夏佑宮與戰神廣場的壯觀外，它予人的震撼是短暫的、虛幻的、偏向物質的，那種偉大的感覺可能隨著電梯的下降而頃刻消失了。曾經在我國擔任外交官的法國作家克勞德（Paul Claudel, 1868-1955）說過：「聖母院不僅只是一項建築，也是一個人物。」換句話說，聖母院本身就是一頁法國八百年的滄桑史，更是這一頁歷史的偉大見證，所以給人的感受是嚴肅的、宗教的、偏向心靈的。羅浮博物

巴黎艾菲爾鐵塔與壯觀的戰神廣場

巴黎聖母院

羅浮博物館

館與前兩者不同的是，它所帶給我們的衝擊是整體的，而非局部片斷的；永恆的，而非短暫的；充實的，而非虛幻的。

衝擊與震撼

羅浮博物館為何每天吸引那麼多不同國籍、不同膚色的訪客，星期日更是人潮洶湧呢？羅浮館何以予人那麼大的衝擊震撼？一言以蔽之，因為它展示了人類數千年來文明進步的軌跡，因為它珍藏了人類過往最美好、最值得驕傲的總成果。世界各國有規模的博物館儘管為數不少，單是巴黎一地的國立博物館也相當多，但是真能像羅浮館收藏之豐富，包羅範圍之廣；時間上從古到今（十九世紀），地理上不分東西（基美博物館另收藏有中國與日本古物），內容方面包含雕刻、繪畫、工藝、家具等，應有盡有者，實不多見。大抵而言，只有大英博物館差堪比擬。

參觀者必備的基本知識

參觀博物館，不但對個人體力上構成一項極大的負擔，更必須在常識方面有相當的準備，才不致走馬看花，入寶山而空返。由於羅浮館的藏品包羅極廣，所以觀賞時所必備的常識也特別要廣博（有導遊說明不在話下）。首先，你要稍具考古學與地理學方面的知識，才能在面對各種古物時，立刻聯想起它們的出處所在和發掘經過。其次，歷史學方面的知識更不可或缺，從西亞、埃及、希臘、羅馬到歐洲這一段歷史的演進，必須有簡單的概念，才不致張冠李戴，混淆不清。再者，對於新、舊約聖經上的故事，以及希臘、羅馬、埃及各地的神話，若能知曉一二，當更能領會貫通，得心應手。最後，熟悉繪畫史上各種流派的代表人物與作風，明瞭蘊含在希臘、羅馬雕刻背後的不同精神與傳統，也都有助於在觀賞後得到更豐實的收穫。

稀世之寶──漢摩拉比法典碑

羅浮博物館大體可分為：（一）東方古物；（二）埃及古物；（三）希臘、羅馬古物；（四）雕刻；（五）繪畫；（六）工藝等六大部門。由於收藏豐富，往往不是一次或一天就能盡窺全貌的；有些部門也不是每天開放，若干藏品更採取輪流展出的方式。東方古物

米羅的維納斯

畢隆的三美神雕像

普拉迪耶的另類三美神

達文西的蒙娜麗莎

部門共分二十三室，比較著名的有漢摩拉比法典碑，亞述帝國古德亞雕像等。埃及古物部門分為一樓與地下兩層展出，共二十室，在此可以看到許多人面獅身雕像，以及有名的書記坐像、卡洛瑪瑪后立像等。希臘、羅馬古物部最受矚目的，當首推米羅的維納斯以及沙摩特拉的勝利女神雕像。雕刻部門從古羅馬時代到十九世紀應有盡有，其中米開朗基羅的兩尊奴隸雕像，勒·摩瓦杜利葉（Antoine le Moiturier）的腓力·波之墓，畢隆的三美神雕像（Les Trois Grâces）都是稀世之作。繪畫部門更是琳瑯滿目，美不勝收，至少占據兩個主要長廊、三個短廊，時間從中世紀到十九世紀，地區涵蓋有法國、義大利、法蘭德斯、荷蘭、西班牙、英國、德國等，除了達文西的名畫蒙娜麗莎外，其他諸如大衛、魯本斯、德拉克羅瓦、華都等人的巨畫傑作，都有可觀之處。

與聖王共享盛名的藝術家

工藝部門，我最欣賞的是阿波羅廳。在此除了可以欣賞法國極盛時期的一些由象牙、瑪瑙製成的精巧工藝品外，尚有許多價值連城的稀世之寶，例如聖路易、路易十五與拿破崙加冕的王冠；查理曼大帝、路易十五的寶劍、安古蓮姆（Angoulême）公主的手鐲。約瑟芬皇后的耳環等，都是吸引訪客最多的地方。特別引起我注意的是，該室四面牆壁上，留有歷代（以十七、十八世紀為主）聖賢人物的畫像共二十八幅；略一估計，其中帝王名君只有腓力‧奧古斯都、亨利四世、法蘭西斯一世和路易十四等四位，而建築師有列斯寇

阿波羅廳入口

路易十五加冕的皇冠

拿破崙加冕的皇冠

查理曼大帝的寶劍

雕刻家庫強畫像

畫家勒布倫畫像

（Pierre Lescot）等十位，高居首席，另雕刻家有庫強（Jean Goujon）等七位，畫家有普桑（Nicolas Poussin）等七位，兩者平分秋色。在藝術上有成就的大師，不管是雕刻家、建築師或畫家，其貢獻與地位獲得比帝王更大的肯定和推崇，這是很值得欣慰的一件事。可見爭一時不如爭千秋，要想長享身後盛名，必得留下曠世不朽的傑作，才能永為後人所追崇懷念！

多元目標的社教功能

博物館的功能是多元目標的，在社教方面它也扮演了相當重要的角色。在這方面，羅浮館的幾項作法，值得順便介紹。

第一、它對於十八歲以下的青少年予以免費優待，以彌補學校教育的不足，法國的許多博物館都有類似的優待；第二、它對於各級教師與從事研究工作者，也可以憑證優待；第三、逢星期日大開方便之門，無論觀光客，不分

男女老少，一律免費優待，以廣招徠。

　　這些都是大手筆的作法。表面看來，館方似乎損失了一筆為數可觀的門票收入（入場券十一法郎，現為九歐元），事實上觀光客所購買的各項導遊書刊、名畫卡片、幻燈片、電影片、仿製品等的數額，更加可觀，這是小魚釣大魚，「失之東隅，收之桑榆」的高明作法。何況廣告的效力，更是難以估計的！

　　法國若沒有羅浮宮，歷史勢將重新改寫；巴黎若少了羅浮博物館，也將遜色減姿。羅浮收藏之豐，包羅之廣，教化之功，是世人有目共睹的；真正講究內涵的觀光客都喜歡在那裡駐足流連，細酌慢嘗，因為那兒的確是個令人樂而忘返的好地方。

　　　　　　　（原載《羅浮博物館》，出版家文化公司，1982 年 11 月）

巴黎漢學研究所的漢學研究

如眾所知，法國是歐洲漢學研究的重鎮。談法國的漢學研究，自以巴黎為中心，而巴黎又以漢學研究所（Institut des Hautes Etudes Chinoises，簡稱L'IHEC）為其搖籃。固然，若擴大範圍，談法國的中國學研究，尚須包括以研究近代現代著稱的「現代中國資料與研究中心」（Centre de Recherches et de Documentation sur la Chine Contemporaine，原屬高等實用學院第六組，現已脫離另屬於社會科學研究所，Ecole des Hautes Etudes en Sciences Sociales），本文專談漢學研究，故該中心的研究活動在此不贅。

沿革

漢學研究所，一稱中國學院，創立於1931年，原屬巴黎大學，故以前所址也在巴黎大學本部（Sorbonne）文學院內。著名的幾位漢學家如沙畹（Edouard Chavannes）、葛

巴黎大學（Sorbonne本部）正門

校門前飄揚著法國國旗

蘭言（Marcel Granet）、韓百詩（Louis Hambis）等人都曾主持過這個機構，而且成績相當輝煌，奠下它獨步歐洲的基礎。在韓百詩入主法蘭西學院（Collège de France）漢學講座後，漢學研究所遂於1972年改隸法蘭西學院，不久，所址也由巴黎大學本部喬遷到第十六區威爾遜總統街（Avenue du Président-Wilson）二十二號現址的一棟數層大樓內，從此不再寄人籬下，而有更寬敞的利用空間。

巴黎大學內庭，即漢學研究所所在地

組織與人員

漢學研究所名義上雖隸屬於法蘭
西學院，但其上尚有亞洲學院（Institut
d'Asie）。亞洲學院，顧名思義不僅
設有漢學研究所，且包括有其他地
區的研究機構。與漢學研究所平行
的尚有日本研究所（Institut des Hautes
Etudes Japonaises）、韓國研究中心（Centre
d'Etude Coréenne）、印度文明研究所
（Institut de Civilisation Indienne）、中南

筆者與巴斯特塑像合影

半島歷史與文明中心（Centre d'Histoire et Civilisation de la Peninsule Indochinoise）等研究機構。此外，由河內遷回巴黎的遠東學院（Ecole Français d'Extrême-Orient）以及亞洲學會（Société Asiatique）等單位，也在同一棟大樓內辦公，真是濟濟多士，共聚一堂。

亞洲學院院長為國際知名的漢學家謝和耐教授（Prof. Jacques Gernet），謝氏為已故漢學家戴密微（Paul Demieéville）之高足，曾主持巴黎第七大學中文系多年，現為法蘭西學院講座教授，法國研究院院士，著作等身，其《中國世界》（Le Monde Chinois, 1972年出版）與《中國與基督教》（Chine et Christianism, 1982年出版）兩巨著尤獲漢學界之推崇。

謝氏以泰斗之尊，等於法蘭西學院委駐亞洲學院的行政總負責人（délégué de l'administration），其下有各所所長或中心主任，漢學研究所採委員制，三年一任，連選得連任，現任所長為吳德明教授（Prof. Yves Hervouet）。吳氏曾參加過有名的「宋計畫」，專攻古典文學，歷任波爾多（Bordeaux）大學，巴黎第八大學中文系主任多年，為1973年國際東方學會議的祕書長。其著作頗豐，曾主持《聊齋誌異》的法譯工作。彼與謝和耐教授均曾應中央研究院之邀，於1980年到台北參加第一屆國際漢學會議。

漢學研究所除附設一圖書館外，在編制上並不特設專任研究人員，從事研究工作。名義上屬於圖書館的工作人員也不過三位，即中國籍的羅鍾皖、王松里與一位法國打字小姐，所以廟門雖大，真正修道的和尚與尼姑並不多。

圖書館藏書

　　漢學研究所向以圖書館藏書豐富見稱，全數約近三十萬冊，號稱歐洲第一。就語言而論，自以中文書籍最多，其次為日、英、法、德、俄等各種語文書籍。就內容類別而言，以中國古典為主，其中有叢書約一千五百種，方志約兩千種，此兩項珍藏幾為歐洲其他圖書館之總和。由於該館性質純屬一研究參考圖書館，故雖亦收藏有數十種善本書（明版）或抄本，但並不以此為號召。

　　該館並收藏有北平中法研究所在1953年關閉後運回的藏書，其中頗多三十年代發行的中文期刊與雜誌。該館並與歐美三十多個學術機構互換出版品，充分發揮圖書交流的功能。由於藏書豐富，圖書信息快速，所以該館遂成為各國漢學家與從事研究工作者經常流連光顧的場所。

出版目錄

　　漢學研究所成立半世紀以來，已出版各種專刊近六十種之多，茲分四類將作者、書名及出版時間、頁數詳列如下，以為國人之參考。

（1）**引得、書目類**（Travaux d'Index, de Bibliographie et de Documentation Sinologique）

　1. 陳祚龍（Chen Tsu-Kung）《漢官七種通檢》（*Index du Han-Kouan tsi-Tchong*）1962, 49p.

　2. 施舟人（Kristofer M. Shipper）《抱朴子內篇通檢》（*Concordance du*

Pao-P'ou-tseu Nei-P'ien）1965, 755p.

3. 施舟人（Kristofer M. Shipper）《抱朴子外篇通檢》（*Concordance du Pao-P'ou-tseu Wai-P'ien*）1970, 883p.

4. 張馥蕊（Chang Fu-Jui）《夷堅志通檢》（*Index du Yi-Kien tche*）1976, 352p.

5. 陳慶浩（Chen Hing-Ho）《宋遼金元書及論文目錄通檢，中文部分》（*Bibliographie et Index des Travaux en Chinois sur le Song, 1900-1975*）1979, 272p.

6. 狄耶尼（Jean-Pierre Dieny）《曹植文集通檢》（*Concordance des Oeures de Cao Zhi*）1979, 824p.

7. 蓋儂（Guy Gagnon）《史通與史通削繁通檢》（*Concordance Combinee du Shitong et du Shitong Xiaofan*）1977, 2vols. 432p., 880p.

（2）史料（Textes et Documents）

1. 石泰安（Rolf A. Stein）《三耶寺紀年——吐蕃最早史書之一》（*Une Chronique Ancienne de bsam-Yas: Sba Bzed*）1961, 107p.

（3）叢刊（Bibliothèque de L'IHEC）

1. 沙畹（E. Chavannes）《法譯佛經故事五百則》（*Cinq Cents Contes et Apologues Extraits du Tripitaka Chinois*）1931, 3vols., 482p+450p+395p.

2. 戴侯杜（Robert des Rotours）《法譯新唐書選舉志》（*Le traité des Examens, Traduit de la Nouvelle Histoire des T'ang*）1932, 416p.

3. 吳康（Woo Kang）《漢籍考原》（Histoire de la Bibliographie

Chinoise）1938, 127p.

4. 戴侯杜（Robert des Rotours）《法譯新唐書百官志與兵志》（*Traité des Fonctionnaire et Traite de L'Armée*）Tome 1, 1947, 199p; Tome 2, 1948, 1094p.

5. 戴密微（P. Demiéville）《拉薩主教會議》（*Le Concile de Lhasa*）1952, 171p.

6. 顧保鵠（Kou Pao-Koh）《中國兩位詭辯家：惠施予公孫龍》（*Deux Sophistes Chinois: Houei Che et Koung-Souen Long*）1953, 163p.

7. 拉史涅夫斯基（Paul Ratchnevsky）《元律研究》（*Un Code des Yuan*）Tome II, 1972, 197p; Tome III, 1977, 220p.

8. 漢密爾頓（J. R. Hamilton）《五代時的維吾爾人》（*Les Ouighours à l'epoque des Cing Dynasties*）1955, 201p.

9. 《集刊第一冊》（*Melanges Publiés par l'IHEC*）撰稿人有戴密微（P. Demieville）、侯思孟（D. Holzman）、蘇梅野（M. soymie）、吳德明（Y. Hervouet）、顧保鵠等人。1957, 511p.

10. 海格諾耶（Ch. Haguenauer）《源氏物語，引論與第一冊法譯》（*Le Genzi Monogatari, Introduction et traduction du livre I*）1959, 88p.

11. 石泰安（Rolf A. Stein）《西藏史詩與詩人之研究》（*Recherches sur l'épopée et le barde au Tibet*）1959, 646p.

12. 《集刊第二冊》（*Mélanges Publiés par l'IHEC*）撰稿人韓百詩（L. Hambis）、謝和耐（J. Gernet）、吳其昱、陳祚龍等人。1960, 588p.

13. 石泰安（Rolf A. Stein）《中藏邊界的古部族：傳說、分類與歷

史》（*Les Tribus Anciennes des Marches Sino-Ttibétaines: Legendes, Classifications et Histoire*）1961, 105p.

14. 凡蒂葉‧尼古拉（Nicole Vandier-Nicolas）《米芾畫史》（*Le Houa-Che de Mi Fou*）1964, 193p.

15. 畢索甫（F. A. Bischoff）《唐代翰林院之研究與法譯翰林志》（*Le Foret des Pinceaux: étude sur l'Academie du Han-lin sous la Dynastie des T'ang et traduction du Han-lin-tche*）1963, 128p.

16. 戴侯杜（Robert des Rotours）《安祿山傳》（*Histoire de Ngan Lou-Chan*）1962, 400p.

17. 戴密微祝壽集刊（*Mélanges de Sinologie Offerts à M. Paul Demiéville*）第一冊撰稿人有謝諾（J. Chesneaux）、謝和耐（J. Gernet）、神田喜一郎（Kanda Kilchiro）、宮崎市定（Miyazaki Ichisada）、楊聯陞、饒宗頤、左景權等人。第二冊撰稿人有韓百詩（L. Hambis）、吳德明（Y. Hervouet）、侯思孟（D. Holzman）吳其昱等人，1974, 470p.

18. 韓百詩（L. Hambis）《明代蒙古史資料》（*Document sur l'Hisoire des Mongols a l'époque des Ming*）1969, 270p.

19. 戴侯杜（Robert des Rotours）《唐末中國妓女：北里誌》（*Courtisans Chinoises a la fin des T'ang: Anectotes du Quartier du Nord, Pei Li Tche*）1968, 199p.

20. 吳德明（Yves Hervouet）《史記會注考證卷——七司馬相如列傳譯注》（*La Chapitre 117 du Che-Ki, Biographie de Sseu-Ma-Sing-Jou, traduction et notes*）1972, 285p.

21. 《中國歷史與文學研究專集》（*Etudes d'Histoire et de Litterature Chinoise Offertes au Prof. Jaroslav Prüsek*）撰稿人有戴密微（P. Demieville）、雷維（A. Levy）、吳德明（Yves Hervouet）、張馥蕊、吳其昱等。

22. 戴密微（P. Demiéville）《王梵志的作品：論唐代通俗詩》（*Oeuvre de Wan Le Zélateur, Poémes Populaires des T'ang*），約640p.

23. 雷維（André Lévy）《十七世紀的話本》（*Le Conte en langue vulgaire du XVIIe Siécle*），約600p.

（4）專刊（Memoires de L'IHEC）

1. 侯錦郎（Hou-Ching-Lang）《漢族古代宗教中紙錢與庫的關係》（*Monnaies d'offrande et la notion de trésorerie dans la religion chinoise*）1975, 238p.

2. 雷克朗（Jacques Legrand）《清代外蒙古的行政：理藩院則例的蒙古原件》（*L'administration dans la domination Sino-Mandchoue en Mongolie Qalq-A: La Version Mongole du Lifan Yuan Zeli*）1976, 221p.

3. 戴司博（Catherine Despeux）《太極拳長壽術與防身術》（*T'ai-Ki K'iuan, technique de longue Vie, technique de Combat*）1975, 242p.

4. 伊麗亞絲柏（Danielle Eliasberg）《鍾馗捉鬼傳》（*Le Roman du Pourfendeur de Demons*）1976, 424p.

5. 羅賓涅（Isabelle Robinet）《道德經注釋》（*Les Commentaires de Tao Tö King Jusqu'au VIᵉ Siecle*）1977, 333p.

6. 何約翰（John Hoe）《四元玉鑒中的多項方程式》（*Les Systémes*

d'eqations polynomes dans le Siyuan jujian, 1303）1977, 345p.

7. 德雷志（Jean-Pierre Drége）《上海商務印書館》（*La Commercial press de Shanghai, 1897-1949*）1978, 283p.

8. 雷維（Andre Lévy）《話本總目提要》（*Inventaire analytique et Critique du Conte Chinois en langue vulgaire*）第1集第1冊，1978, 347p.

9. 雷維（Andre Lévy）及其他作者《話本總目提要》第1集第2冊，1979, 464p.

10. 雷維（Andre Lévy）及其他作者《話本總目提要》第2集第1冊，1981, 516p.

11. 馬蒂俄（Rémi Mathieu）《穆天子傳譯註與研究》（*Le Mu Tianzi Zhuan, traduction aunotée étude critique*）1978, 311+56p.

12. 波克爾（Manfred Porkert）《道家周柴陽傳》（*Biographie d'un Taoiste Légendaire: Tcheou Tseu-Yang*）1979, 169p.

13. 陳約翰（John T. S. Chen）《漢字之改革》（*Les Reformes de l'Ecriture Chinoise*）1980, 258p.

14. 戴侯杜（Robert des Rotours）《唐玄宗開元之治》（*Le Régne de l'Empereur Hiuan-Tsong, 713-756*）1981, 587p.

15. 莫根（Carole Morgan）《春牛圖：中國曆書之一頁的研究》（*Le Tableau du Boeuf du Printemps, Etud'une Page de l'almanach Chinois*）1980, 292p.

16. 馬茲洛甫（Jean-Claude Martzloff）《梅文鼎算學著作之研究》（*Recherche sur l'oeuvre Mathémathique de Mei Wending, 1633-1721*）

1981, 472p.

17. 史崔克曼（Michel Strickmann）《茅山道教之研究》（*Le Taoi'sme du Maochan, Chronique d'une révélation*）1981, 278p.

18. 赫美麗（Martine Vallette-Hemery）《袁宏道（1568-1610）之文學理論與實用》（*Yuan Hongdao, Théorie et Pratique Litteraires*）1982, 277p.

19. 陳慶浩（Chen Hing-Ho）《脂硯齋評語之研究》（*Le Hongloument et les Commentaires de Zhiyanzhai*）1982, 375p.

20. 巴黎（Marie-Claude Paris）《漢語句法與語義問題》（*Problémes de Syntaxe et de Séma,tique en linguistique Chinoise*）1981, 456p.

研究計畫

　　漢學研究所由於不設專任研究人員，故嚴格來說，本身甚難進行較大規模之研究計畫。但在法蘭西學院經費支持下，就目前所知，至少有兩件與圖書有關的計畫正在進行：一為聯合目錄的出版，漢學研究所圖書館與國家圖書館（Bibliothéque Nationale）、巴黎第三大學（原東方現代語專）中文系圖書館將就有關中文藏書出版一聯合目錄，預定1982年底可以問世。這將是嘉惠士林的一椿盛舉。二為該館珍藏叢書的整編，該館珍藏有一千五百種叢書，已如前述，但因版本不同，內容互有歧異出入，故擬編目詳加比較。該項計畫由羅鍾皖小姐主持，預定兩年完成。

　　除此之外，在法國科學院（C.N.R.S.）經費支持下，法國漢學界

目前成立有四個研究小組（Equipe de Recherche），幾乎將有關漢學家網羅殆盡，此即敦煌小組、文學小組、語言小組（由李嘉樂教授，Prof. Rygaloff召集）、道藏小組（由施舟人教授召集），其中前兩組與漢學研究所關係較為密切，茲簡單介紹如下：

（1）敦煌小組

　　成立於1973年，主要工作計畫有二：一為續編敦煌漢文文獻目錄，一為研究和影印敦煌文獻中的重要寫本。該小組由蘇梅野教授（Prof. Soymié）召集，參加人員有凡蒂葉・尼古拉夫人（Mme Vandier-Nicolas）、狄耶尼（Jean-Pierre Diény）、吳其昱、侯錦郎等十餘人，每週三下午定期在漢學研究所聚會一次，交換研究情報與心得，並討論研究進度。

（2）文學小組

　　主要工作為繼續出版《話本總目提要》，該小組由侯思孟教授（Prof. Holzman）召集，參加成員有雷維（A. Lévy）、張馥蕊、陳慶浩等十餘人，亦定期集會，商討各項有關問題。

結語

　　圖書資料乃天下之公器，人才又是國家之至寶。在經費由科學院統籌和支配下，法國的學術研究（漢學研究亦然），已經做到研究人員打破學校機關門戶限制，依個人專長與志趣自行結合、交流，共同從事各項研究計畫，故人才看似不多，卻無所不在。只要有相當地位，

肯用功努力，可以主持或參加各項工作，因此研究計畫得以細水長流的推展下去，十年如一日。

　　根據前述可知，漢學研究所的功能是多方面的：第一，它透過圖書館圖書資料的借閱與諮詢，為研究工作者提供了最快速而有效的服務；第二，它憑藉過去所建立的聲望，不斷吸收漢學家的研究成果與優秀博士論文（均經過審查委員會審查通過），而加以出版，更鞏固其權威地位。最後，它發揮了學術聯繫的功用，不但促成了各類研究小組的結合，且提供作為各項學術集會的場所，成為群賢畢集，萬川歸流的理想學術園地。「山不在高，有仙則靈」，誠哉斯言！

（原載《漢學研究通訊》2 卷 1 期，頁 46-49，1983 年 1 月）
（本文之完成，承羅鍾皖小姐提供資料，並幫忙查證，王松里、吳其昱、陳慶浩、侯錦郎諸先生亦分別請益，特此致謝！然文中若有錯誤之處，當由筆者自行負責。）

1983年2月12日
（農曆除夕）筆者
與巴黎友人合影，
地點：王家煜家。
右起：楊允達、李
在敬、羅鍾皖、楊
太太、陳三井。

歐洲華人學會與《歐華學報》

前言

　　長期為人作嫁，為歐洲漢學研究做著幕後耕耘工作，而實際擔任中歐文化交流第一線作業員的旅歐華人學者，經過多年的醞釀與籌備，終於成立了屬於自己的「歐洲華人學會」，並且在最近創刊了用中文寫作出版的《歐華學報》。這一連串令人欣喜的開展，不但意味旅歐華人學者的自我覺醒與自我肯定，更顯示他們由過去的各自為政，一盤散沙而逐漸走向目前的整合團結。所以，無論從任何角度來看，這實在是一件具有不尋常意義的事情。

從籌備到成立

　　「歐洲華人學會」，簡稱作「歐華學會」（A.C.S.E.），英文名稱是Association of Chinese Scholars in Europe，法文是

《歐華學報》封面

Association Culturelle des Chinois en Europe，德文是Gesellschaft Chinesischer Wissenschaftler in Europa，1981年8月27日正式在法國的里昂（Lyon）成立。

從倡議到成立，卻是一段漫長而曲折的過程。

「歐華學會」的倡議，最早可以追溯到二十多年前的一次歐洲漢學會巴黎年會上。那時來自瑞典的黃祖瑜先生曾和與會的一些中國學者談起，如何使歐洲華人學者時常聚會碰頭，互相交換教學和研究心得。可惜當時參加會議的華人學者不多，彼此雖然初步交換了意見，但最後終因無人出面推動而沒有任何具體成果。

直到1978年歐洲漢學會的義大利年會上，黃祖瑜教授舊事重提，把與會的十幾位中國學者請到一起暢敘。在那次談話中，來自荷蘭的馬大任、英國的羅善保、德國的喬偉、程天牧、義大利的張銅都發表了個人鬱積心中多年的心聲，大家一致認為華人學者在歐洲漢學界一直扮演舉足輕重的地位，這只要稍微翻撿近三十年來歐洲出版的一些有關中國文化的著作，多能發現中國學者的心血參與便可以看出。但是，這種參與往往只限於為人幫閒，既不掛名又無利的助手工作。一般華人學者自行著書立說者並不多，歸結其原因，大約有以下幾點：

（一）華人學者大多有客卿思想，有的所從事專業，原非興趣所在，更非其所長，僅是謀生噉飯工具而已！

（二）由於傳統儒家教育的結果，形成中國人特有的謙虛與謹慎，使得大家積極主動性不強，往往述而不作終其一生。

（三）歐洲的華人學者，大多是在國內受完高等教育而後出國的，因而在使用外語寫作上，除少數特例外，自難與歐洲學者比美。即使有了著作，在有限的位置下，亦難能獲得重視，脫穎而出。

（四）一般人文社會科學的研究工作者，尤其擔心自己所發表的研究成果可能捲入不必要的政治紛爭中。

透過這次坦誠的談話會，獲致了兩點具體的結論：

（一）大家贊同旅歐華人學者以後定期集會，拋開政治偏見，互相在教學和研究問題上交換心得，並定期出版中文的學術性刊物。

（二）建議一年以後在西德舉辦首次聚會。

1979年8月12日至18日，歐華學人的初次懇談會終於在西德漢堡近郊舉行，參加者有二十幾位，會議由原始發起人黃祖瑜與東道主劉茂才分別主持，除了發表學術論文外，並互相交換工作經驗。這次懇談會的最重要收穫是，選出黃祖瑜、馬大任、關愚謙、李治華等五位熱心人士，負責進行「歐華學會」的實際籌備工作。

1980年3月，籌備委員會在巴黎召開了一次擴大會議，廣泛徵求各方意見。同年9月，又趁瑞士蘇黎士召開歐洲漢學會年會之際，邀請與會華人學者共同商討學會的正式成立事宜。經大家建議，籌委會決定於1981年夏天在里昂召開成立大會。再過一年左右的積極籌備，大家所熱烈期待的日期終於來臨。1981年8月下旬，近三十位分散在

歐洲各國的華人學者齊集里昂郊外的艾佛鎮（Eveux）一家修道院內，為共同理想的即將實現而忙碌著。當27日章程草案獲得通過，「歐華學會」正式宣布成立之時，人人心情興奮，甚至當場有人激動得熱淚盈眶。會上大家還高歌一曲「滿江紅」，把情緒帶進了最高潮。「歐華學會」從此誕生，這象徵旅歐學人團結的第一步，也是最重要的一步，終於勇敢而踏實的向前邁出。

宗旨、組織與活動

「歐華學會」為純學術性的組織，以提倡學術研究，彼此交換教研心得與經驗，促進中西文化交流與合作及敦睦學人間之感情為宗旨。

根據學會章程，凡在歐洲各大學、研究所及其他機構以及個人從事教學或研究之華籍或非華籍之華裔學人，皆得為該會會員。

該會設理事會，由理事九人組成，理事由大會選舉產生，任期二年，連選得連任。理事會設正副理事長各一人，由理事會中產生，理事長對外代表該會。理事會另推選常務理事五人，組成常務理事會，為該會最高執行機構，下設辦事處，處理秘書、學術出版、財務、對外聯絡及事務等事項，由常務理事分工負責。茲誌第一屆重要負責人名單如下：

理　事　長——黃祖瑜（瑞典哥登堡大學教授）

副理事長——李治華（法國前巴黎第八大學教授）

常務理事——馬大任（荷蘭萊登漢學研究院圖書館館長）

（對外聯絡）

常務理事──關愚謙（西德漢堡大學中國語言文學研究所講師）

（學術出版）

常務理事──車慧文（西德科隆大學漢學研究所）

（秘書）

理事──周慶陶（法國，退休教授、技術翻譯家）

理事──羅善培（英國）

理事──張景瑜（英國）

理事──洪有紓（瑞士）

此外，大會並聘請劉茂才（西德）、錢志豪（法國）兩人為榮譽理事，劉仁凱（西德）主管財務。

「歐華學會」有了常設的組織、固定的負責人之後，便積極展開各項活動，負起了為中國文化傳薪與發光的任重道遠工作。

1983年7月25日，「歐華學會」第二屆年會假巴黎第十六區一家女子學舍舉行，為期五天，到會者約三、四十位。除會務報告及參觀活動外，茲將所提學術報告題目臚列如下：1.趙小芹──〈當代中國作家白樺之寫作生活〉；2.游順釗──〈前後左右：一個視覺語言學的問題〉；3.洪有紓──〈在歐洲如何傳布中華民族文化〉；4.李治華──〈試論紅樓夢人名的選擇問題〉；5.周慶陶──〈法國與核電〉；6.關愚謙──〈中國文化指南的編撰經過〉；7.羅善保──〈古畫之鑑定與修復〉；8.馬森──〈老人與文化〉；9.錢志豪──〈三十年來在法國教研、著作的心得和行政經驗〉；10.車慧文──〈王力與

其主要著作〉；11.李殿魁——〈中文大辭典的修訂與重編〉（未到場宣讀）。

《歐華學報》的創刊

「歐華學會」的成立，使旅歐中國學者有一個定期聚晤和交換教研心得的機會，而《歐華學報》的創刊則提供給歐華及華裔學人一個用中文發表教研成績的園地。早在1982年2月巴黎舉行的「歐華學會」理事會上，即曾決議於1983年2前出版《歐華學報》創刊號，並選出一個五人編輯小組，以李治華為主編，關愚謙與梁兆兵為副主編，李塵生、鄭宜菁為編輯。梁兆兵並兼編輯委員會主任編輯，除寫稿、約稿外，尚負有稿件初步審理工作，將初審可用稿件寄給主編做最後審定，最後寄給關愚謙負責印刷出版。

《歐華學報》為一綜合性學術年刊，以人文社會科學論文為主，亦兼顧自然科學方面的文章。內容除論著外，並闢有書評、歐洲華人學者動態、中歐文化交流、會員新書出版消息等欄。

由於徵稿、印刷（在香港印刷）與校對的層層耽誤，《歐華學報》第一期遲至1983年5月始告出版，正好趕上在7月底巴黎舉行的第二屆年會上分發。甫告問世的創刊號為24開本，採橫排，共計163頁，除發刊詞、歐洲華人學會章程、編後隨筆、稿約外，計登出16篇文章，茲依序開列如下：1.鄭德坤——〈夏文化〉；2.柳門——〈機器人在近代汽車工業中之地位及其前途〉；3.李治華——〈紅樓夢法譯本的緣起與經過〉；4.唐弢——〈談水滸〉；5.吳同賓——〈京劇的

念白〉；6.錢志豪──〈編纂《法漢與漢法英法律詞典》之緣起〉；
7.洪有紓──〈現代語言學一瞥〉；8.雪人──〈趙無極色與光的藝
術〉；9.李學勤──〈考古發現與東周王都〉；10.陳慶浩──〈評介
敦煌文學書三種〉；11.車慧文──〈滿學研究簡介〉；12.葉國榮─
─〈里昂中法大學簡史〉；13.李平──〈法譯老舍中短篇小說選：
《北京居民》讀後記〉；14.李塵生──〈1921-1946年里昂中法大學
海外部同學錄〉；15.關愚謙──〈歐洲華人學會籌組經過〉；16.蘆
葦──〈記歐洲華人學會成立大會〉。

除上述內容外，直得一提的是，封面設計清新可喜，封底並附刊
有旅法名畫家趙無極的兩幅精心作品，為該刊增色不少。

贅語

旅歐華人學者在個人教研工作忙碌之餘，在種種客觀條件限制之
下，能夠集思廣益，出錢出力，組織學會，創辦刊物，為自己的理想
而奮鬥，這是極為難能可貴之事。比之二十年前一群青年朋友在巴黎
所創刊的《歐洲雜誌》，他們已有更大的突破，包括更健全的組織，
更踏實的準備工作，以及真正涵蓋歐洲各地區的廣泛參與。

好的開始，便是成功的一半。筆者在欣喜慶賀之餘，茲提出三點
建議，作為更衷心的獻禮：

（1） 旅歐華人學者為數當在百人以上，希望以「歐華學會」為橋
樑，主動邀請未參加者陸續入會，由點而面，凝聚成更壯闊的
力量。

（2）「歐華學會」每屆年會，會期以三天為宜，節目力求緊湊，論文報告尚可精簡。

（3）《歐華學報》除刊登個人教研心得外，宜設法開發與歐洲有關之論題，以顯特長，並提昇權威性。創刊號李塵生、葉國榮兩人論述介紹中法里昂大學，乃值得鼓勵之一例。

（原載《漢學研究通訊》，3卷1期，頁53-55，1984年1月）

從旅歐華人的兩次文化自覺談華人新形象的建立

引言

英國人曾自誇說，無論太陽走到何處，都照著英國的國旗，中國人也可以自誇說，無論太陽走到何處，都照著中國人的足迹。[註1]

自近代海運勃興，輪船通航以來，歐亞間的海輪水手多係中國苦力，而中國至歐洲者亦漸多。[註2] 1866年，中國官員（前山西知縣）斌椿奉總理衙門之派，隨同赫德（Robert Hart, 1835-1911）出洋遊歷，採訪風俗，第一次至歐洲，時巴黎已有華人經商該處者。1876年，李鴻章曾派武弁卞長勝等七人至德國習陸軍。翌年，福州船政學堂曾派學生三十二人分至英法學習製造駕駛，是為中國第一次派往歐洲之留學生。[註3] 當時留歐之華僑，以經營小商業者居多，均散居在英法各大海口商岸，當1900年之際，不過數百人而已。[註4]

旅歐之華人，尚有兩個特殊集團，即賣石品之浙江青田人與賣紙花之湖北天門人。

青田人約於1903年乘輪赴歐，其初抵歐時，既不知歐羅巴之名，更不知法蘭西、義大利、德意志等為何國，但知既有來船，必有去處，信輪船所經之地，冒險而去，風俗不知，語言不諳，唯利是圖。以是援引其同鄉而去，足跡遂遍全歐，人數最多時曾達兩萬餘人。天門人亦與青田人同時至歐洲，但人數較少。他們由黑龍江經西伯利亞步行而入歐洲，男子鳩形鵠面，女子纏足曳短裙，藉賣紙花為生，略費剪裁之心逐蠅頭之利，所得雖甚微，但勉可糊口。[註5] 前述天門與青田兩地商販，以沿街叫賣，蓬頭垢服，流落花都，不僅行人厭之，且傷及國家體面，經法使館與留學生勸告，有進玻璃工廠工作者，亦有入機器洗衣店謀生者。適歐戰發生，工廠暫停生產，工人生計頓窘，以致坐食山空，駐法使館乃籌款設法將之遣送回國。[註6]

歐戰期間，因英法兩國廠工缺乏，農務廢弛，大量華工被派遣赴西歐助戰，為數在十七萬五千人左右，或任木材砍伐，或在礦山工作，或參與軍火製造，或支援後勤運輸，於協約國人力資源之補充，貢獻甚大。唯華工寄旅異域，物質報酬既不豐碩，精神調劑亦難獲滿足，加上素質良莠不齊，更兼生活習慣不同，言語隔閡，因此除沾染惡習，致人品墮落外，且動輒啟動公憤，歡喜鬧事，釀成鬥毆、罷工等風潮，不僅貽外人以口實，且損及自身前途，甚至毀損華人的清譽。[註7]

當歐戰結束後，李煜瀛（石曾）、吳敬恒（稚暉）、蔡元培（孑民）等人發起赴法勤工儉學運動，鼓勵家境貧寒青年到法國「勤以作工，儉以求學」，前後所送學生約一千六百名左右。這批飽受五四精神洗禮的中國青年，加上法國各種思潮的激盪，多抱持「改造中國」

的理想，遂棄學不工而從事組黨政治活動，因此中國共產主義組織、中國青年黨、中國社會民主黨、中國國民黨旅歐支部等政治團體先後在法國成立，彼此分合、對抗、鬥爭，以歐洲（特別是法、德、比三國）為活動舞台，或出版刊物宣傳主義，或領導反帝反軍閥示威遊行，升高政治抗爭運動，擾亂法國社會秩序，引起法國警方注意，結果有的被驅逐出境，有的被捕繫獄，註8 與華工之到處惹事生非一樣，未能博得法人之好感。

總結上述，旨在說明，歐洲雖早在清朝中葉便有華人足跡，但從青田、天門兩地商販的蓬頭垢臉到歐戰華工的酗酒嗜賭、好強鬥狠，乃至勤工儉學生的種種政治激化行為，在在形象不佳，西人遂於我華人有「懶作工，好鬧事」的不良觀感！

歐洲華人的第一次文化自覺──《歐洲雜誌》的創刊

過去華人在歐洲雖亦辦過不少刊物，較早而著名的如《新世紀》、《旅歐雜誌》、《華工雜誌》、《旅歐周刊》、《工餘》、《少年》、《赤光》、《奮鬥》、《先聲》、《國民》等，但均有其特定的政治理想和立場，或為宣揚主義，或為發表主張，而純粹帶有文化自覺性的刊物則絕無僅有。

至1960年代，從台灣各大學畢業到法國留學的青年學生漸多。不久發生中法斷交（1964），在政治上陷入低潮時期。這些學生在「政治冷感」期，除了各自於專業上努力奮鬥外，不再像二、三十年代他們的前輩那樣，動輒喊出「救國」、「改造中國」的口號，十分熱中

《歐洲雜誌》封面

政治，而僅從西方文化的體認、吸取與介紹方面著手，遂有《歐洲雜誌》的誕生。

《歐洲雜誌》創刊於1965年春（5月），雖然命名為「歐洲」，其實仍以法國地區的留學生為主幹。其所以選擇先從介紹法國著手，理由有三：

（一）歐洲是一個很大的地區，不可能一時兼顧，法國的文化在歐洲縱然不一定處於主導的地位，至少也是歐洲文化的主流之一。

（二）畫一幅大畫總要由一點一線開始；介紹歐洲，不始自法國，就始自英、德，為什麼不始自法國呢？

（三）負責出版這個刊物的同學多半在法國工作留學，法國對他們而言，在題材方面比較熟悉，在資料上容易掌握。註9

從創刊的話，更可以體察出，《歐洲雜誌》的強烈文化使命感。它最強調的一點，就是從文化上認識自己，也了

解別人，因為「做一個現代中國人，唯一的辦法就是眼睛歪的把它們擺正，閉起眼的把眼睛打開，切切實實，正正經經地看一看我們所處的這一個世界；看一看自己，也看一看他人。這樣才可以有所比較，有所取捨，才不致盲人騎瞎馬亂闖一通。」^{註10}

基於這個認知，《歐洲雜誌》提出所謂的一個小小的主張：那就是既崇仰我國固有的文化，也羨慕他人新興的文明；不反對古董的珍貴，但更讚賞新事物的價值。不過，對新事物，並不贊成片面膜拜式的頂禮，而主張全面的批評式的吸收。

在做法上，對內而言，除了肯定中國固有的文化外，更強調應有「兼容並蓄的精神」，以「百家爭鳴」代替定於一尊式的闢邪說、除異端，如此「泰山不遺箕土方能成其大，江海不捨細流始可致其深」，才能再造漢唐盛世。對外而言，強調的是了解他人文化工夫的不足，尤其批評國內一直是英語的推銷市場，揮不掉「美國月亮大又圓」的陰影。除了盎格魯、撒克遜（Anglo-Saxon）的貨物不論妍媸得以暢銷外，像法、德、意、西等西南歐國家則幾乎是一片白紙。所以他們在慨嘆國內一片「歐洲沙漠」之餘，便想到藉地利之便，做一點文化介紹的工作。最後更大聲疾呼：「敞開胸懷，多吸收，多消化一些我們這個時代的新思想，新事物」，唯有新鮮的食物，才能給予我們繼承和發揚這四千年文明的力量。^{註11}

《歐洲雜誌》是季刊，前後出刊九期，雖叫好但不叫座，終因財源無著而於1968年冬宣布停刊，當年參與《歐洲雜誌》工作的，大部分是學文學、藝術的，也有部分是學人文社會科學和自然科學的。這一群人主要是馬森（飛揚）、金恒杰（戴禹）、李明明、陳錦芳、邱

淑華、王家煜、羅鍾皖、熊秉明、周麟、程紀賢（抱一）、楊景霖、葉大偉、張堅七堂、李鐘桂、張麟徵、羅楚善、侯錦郎、朱偉湘、羅美社、陳嘉哲、陳振煌、華昌明、麥健生、陳三井（楓丹露）等人。除學哲學的周麟與改學雕刻的熊秉明和談詩的程紀賢是1950年代的留學生外，其餘都是戰後在台灣教育背景下長大出國的。經過四分之一世紀的星雲流散，就個人所知，曾任聯合國文教組織顧問的周麟已去世，除王家煜、羅鍾皖、邱淑華、華昌明仍在巴黎，陳錦芳在美、羅楚善在加拿大、楊景霖在大陸外，馬森、金戴熹、李明明、李鐘桂、張麟徵、陳三井等人先後已回到台灣從事教職或學術研究，繼續擔任文化的播種與扎根工作。

歐洲華人的第二次文化自覺——歐洲華人學會與《歐華學報》

《歐洲雜誌》停刊後，歐洲華人文化界似乎沉寂了一段時期。直到1981年8月，始有一群來自歐洲各國的華人學者，在法國里昂（Lyon）附近一個山村的修道院中聚會，通過了組織章程，正式成立了「歐洲華人學會」（Association of Chinese Scholars in Europe, A. C. S. E.）。如此一來，長期為人作嫁，為歐洲漢學研究做著幕後耕耘工作，而實際擔任中歐文化交流第一線作業員的旅歐華人學者，經過多年的醞釀與籌備，終於有了屬於自己的學會，並且在1983年5月以華文寫作出版了《歐華學報》（Journal of the Association of Chinese Scholars in Europe）。這一連串令人欣喜的開展，不僅意味著旅歐華人的自我文化覺醒與自我肯定，更顯示他們已由過去的各自為政、一盤散沙，而

逐漸走向整合團結。所以，無論從任何角度來看，這實在是一件具有不尋常意義的事情。[註12]

「歐洲華人學會」為純粹學術性的學會組織，以提倡學術研究，彼此交換教研心得與經驗，促進中西文化交流與合作及敦睦學人間之感情為宗旨。根據該會章程，凡在歐洲各大學、研究所及其他機構以及個人從事教學或研究之華籍與非華籍（但具有中國血統）之華裔學人，皆得為該會會員。該會設理事會，由理事九人組成，理事由大會選舉產生，任期兩年，連選得連任。理事會設正副理事長各一人，由理事會中產生，理事長對外代表該會，理事會另推選常務理事五人，組成常務理事會，為最高執行機構，下設辦事處，處理秘書、學術出版、財務、對外聯絡及事務等事項，由常務理事分工負責。[註13] 茲誌第一屆重要負責人名單如下：

理事長：黃祖瑜（瑞典哥登堡大學教授）

副理事長：李治華（法國前巴黎第八大學教授）

常務理事：馬大任（荷蘭萊登漢學研究院圖書館館長）兼對外聯絡

常務理事兼學術出版：關愚謙（西德漢堡大學中國語言文學研究所講師）

常務理事兼秘書：車慧文（西德科隆大學漢學研究所）

理事：周慶陶（法國，退休教授，技術翻譯家）

理事：羅善培（英國）

理事：張景瑜（英國）

理事：洪有紓（瑞士）

此外，大會並通過聘請劉茂才（西德）、錢志豪（法國）兩人為榮譽理事，劉仁凱（西德）主管財務。[註14]

由上述章程與理事名單可知，「歐洲華人學會」比起《歐洲雜誌》有組織、有規模，所涵蓋的地區範圍也真正代表了歐洲。

「歐洲華人學會」有了常設性的組織、固定的負責人之後，便積極展開各項活動，負起了為中國文化傳薪與發光的任重道遠工作，於是而有《歐華學報》的創刊。「歐洲華人學會」的成立，給予旅歐華人文化界人士有一個定期聚晤和交換研究心得的機會，而《歐華學報》的創刊則提供給歐華及華裔學人一個用華文發表教研成績的園地。《歐華學報》的出刊，除了反映旅歐華裔學人寄人籬下，客居生涯的一種無奈外，更重要的是它多少亦透露一種文化自覺的訊息，一種在西方（歐洲）強勢文化影響下，在歐風美雨的吹淋下，如何維護中華文化尊嚴的一種最後掙扎和努力。

歐洲的學術環境與美國、澳洲，甚至日本都不盡相同。旅歐華人學者往往只有耕耘，少有收穫，只有幫閒式、助手性質的奉獻犧牲，而難獲獨當一面的重視，因此他們自行著書立說者不多。歸結其原因，大約有下列幾種：

（一）華人學者大多有客居思想，有的所事專業，原非其所長，只為糊口而已。

（二）由於中國傳統教育所塑造的謙虛和謹慎美德，使得大家的積極進取性不強，也不願率而操觚。

（三）旅歐的華人學者，大多是在國內受過高等教育後才出國的，因而在使用外語寫作上，自難與歐人媲美。

（四）人文社會科學的研究者，也有因擔心自己所寫的文章會陷入不必要的意識型態鬥爭漩渦中，而不輕易為文。註15

《歐華學報》創刊號出版於1983年5月，為一綜合性學術刊物，以人文、社會科學論文為主，亦兼顧自然科學方面的文章。內容除論著外，並闢有書評，歐洲華人學者動態，中歐文化交流，會員新書出版消息等專欄。第一期共計一百六十三頁，除發刊詞、歐洲華人學會章程、編後隨筆、稿約外，共登出十六篇文章。封面設計清新可喜，封底並附刊有旅法名畫家趙元極的兩幅精心作品，為該刊增色不少。

《歐華學報》雖標明為年刊，但第二期遲至1987年1月始問世，距創刊號已脫期兩年半之久，可見在海外出版一份有份量的學報之不易。《歐華學報》第二期共計二百十五頁，刊出二十五篇文章，內容略顯雜亂而不見特色。從已出刊的兩期得知，《歐華學報》仍未克服經費、稿源與人力整合上的困難，發行則與《歐洲雜誌》同樣是一籌莫展！

相較之下，結合全歐華人學者看似有組織的力量，所展現出來的既有成果，似不若二十年前巴黎一地少數一群人沒有組織、缺乏經費，卻能苦撐維持《歐洲雜誌》九期的難能可貴成績！

華人新形象的建立

從《歐洲雜誌》的創刊，到《歐華學報》的問世，多少可以說明歐洲華人文化調適的一段心路歷程。早期，他們剛剛「履西域、接西土、肆西文」[註16]，雖然崇仰我國固有文化，但無疑更羨慕他人新興的文明；他們誠然不反對古董的珍貴，但實更讚賞新事物的價值。追求新知，擴大見識，藉他山之石以攻錯，這可以說是他們負笈異鄉的最

研究海外華人學者餐敘，左三為筆者，左四陳鴻瑜，左五林金枝，右三魏維賢。

海外華人學者合影，右起三人：溫廣益、周南京、陳三井，左起三人：丘立本、陳懷東、林金枝。

主要目的。但其後歷經歐風美雨的長期滋潤薰陶，不免有驀然回首，伊人卻在燈火闌珊處的醒覺，於是從挫折中奮起，自頹喪柔弱中振作，重新擁抱老祖宗的東西，更回頭來肯定中華文化。

中華民族才真的稱得上是「日不落」的民族，走遍天涯海角，都有我們華人的足跡。在海外將近三千萬的華人中，歐洲華人不過五十萬人，所占比例尚不到六十分之一。在國弱家貧，離鄉背井，萬里投荒的情況下，他們大多能操持本業，潔身自好，努力建立良好的形象，以免重蹈當年華工與勤工儉學生的覆轍。他們雖嚮往固有優良的中華文化傳統，盡力維繫著華人社會的倫理與情感，但卻仍像浮萍一片，東飄西盪，無法開拓出廣闊的天地。總之，他們在歐洲適應新環境的經驗，並不是一項很成功的經驗！

反觀其他各地，卻有很好的範例。在早期美利堅的開拓史上，幾乎每一頁都有華人的血汗，他們以最低的工資，挖金礦、修鐵路、挑重擔、幹粗活，卻

得不到所在國政府和人民的同情，反視之為異類。而開礦築路以外的工作，也只是小飯館、洗衣間、雜貨鋪一類為小本經營，或者在別人的商號裡，做一些守門打掃的賤役。至於稱中國人的辮子為豬尾巴，把豎眉吊眼、塌鼻厚唇、暴牙八字鬍、詭祕而又邪惡的傅滿洲（Fu Man Chu）當作中國人的象徵；提到華人不是纏小腳、抽鴉片，便是鞠躬哈腰，向人諂媚陪笑，種種的偏見與誤解，早已成為中國人永遠的傷痕！

但曾幾何時，華人的形象已幾乎徹底改變了。今天在美國社會各界，到處都可以看到頭角崢嶸的中國人，這些人當中，有執教大學的教授、行醫的醫生、設置事務所的律師、建築師、房地產的經紀人、證券公司的老板、電腦公司和汽車、旅館的經理、政府部門的主管、科學家等；而如王安（已逝）、貝聿銘、楊振寧、李政道、王贛駿、李遠哲、丁肇中、鄭友良、趙小蘭、李琬若……等這一連串的名字已經成為華人新形象的代表。華人從藍領階級逐漸變為白領階級，由僕役的位置轉變為主宰的地位，可以揚眉吐氣，和外人平起平坐，充分而公平的參與所在國的生活與文化的建設，沒有人再敢用有色眼光來看待我們，歧視、排拒的情況也愈來愈少，華人已經為外人所接納，所肯定。[註17]

在新加坡，華人約占新加坡人口的百分之七十七，華人也已開創出一個由華人主導發展的繁榮社會。面對廿一世紀的挑戰，固然障礙重重，但華人與華人企業在新加坡經濟發展的長河中所扮演的中流砥柱的角色，是無法取代的。[註18]在泰國及其他地區，也有不少融合成功的例子，在此不贅。

時序即將邁入二十一世紀，面對未來，原任職於香港匯豐銀行，現任萬豐國際財務管理顧問公司副總經理的文鏡清以驕傲的口吻，樂觀的預言，「廿一世紀將是華人揚威國際的時刻」，道出華人將主導廿一世紀未來全球經濟的角色。註19不過，華人的經濟力過度誇張之後，往往會造成當地人的憤慨。馬來西亞的經濟學家張保羅說：「對華僑的恐懼是一種神話（myth），卻是很容易犯的神話，因為政府可把它當做執行某種法律的藉口」。所以有人並不諱言地指出，華僑在亞洲各國處境日艱，這其中包括在菲律賓、印尼、馬來西亞遭受猜忌和排擠的情況，恐怕一時難以好轉。註20

不管成功或失敗的例子，無論抱持樂觀或悲觀的態度，面對急遽變化中的未來，為了迎接廿一世紀，華人應如何求變自處？怎樣開拓出一片新天地？如何建立嶄新的形象？這將是我們大家共同關心的課題。唯各國的政治、社會、經濟、文化環境不同，華人在各地區的發展經驗迥異，實無法機械式的訂出一套「放之四海而皆準」的模式或規則來。不過，有些共識或指標或許仍可做嘗試性的歸納。

首先，從觀念上，筆者很贊同詩人瘂弦的想法：華人不是漂泊的鳥，也不是流浪的蒲公英，而是一顆顆忠於土地，忠於季節的種籽，在異國的土壤上生根發芽，本固枝榮的生存下去。所以應當把新土當作舊鄉般熱愛，誠誠懇懇地安家落戶，融入僑居生活的大流裡。註21

我們並不期望每一位華人都頭角崢嶸，非成為王安、貝聿銘或楊振寧、李政道不可，但有若干平實的做法，卻是大家在日常生活中可以辦得到的，例如：

（一）遵守僑居國的法律；

（二） 尊重當地的價值觀和風俗習慣；

（三） 與僑居國人民和睦相處。[註22]

但作為一個廿一世紀的新華人，並不能以此標準為滿足。例如據報載，美國洛杉磯蒙特利公園市，已幾乎為台灣新移民所占領，他們只講華語，商店招牌只書寫中文，造成非華人居民極不方便，連馬路上的開車習慣都是台北式的橫衝亂撞。新移民與美國本土文化事物不接觸、不參與的生活態度，使蒙市淪為另一個封閉的、自生自滅的社區系統。相對於美國居民對社區建設的回饋和公共事務的積極參與，台灣新移民除了繼續發揚來自台北的「聲色犬馬」文化外，對這個有「小台北」之稱的蒙市，無論精神生活，整體環境以及下一代的華人子弟教育並不熱心[註23]，「過客」心態表露無遺，令人感到遺憾亦覺可恥！

可見恃恃錢多、舉止高傲蠻橫的暴發戶心態，除了自暴「粗俗無文」的弱點外，與其他民族的和睦相處也是有妨礙的。相反的，在我們被接納、被肯定，能與外人平起平坐之餘，同時也應注意到如何進入所在國的社會，使我們不做客人而做主人，除了積極參與華人的社區建設外，更應在保存自己民族的傳統美質、生活方式的原則下，吸納所在國文化的優越部份，使華人的生活不僅是中國的，而且是世界的、現代的，不再自外於別人的社會，而共同努力協助促進僑居地的發展進步。這才是大家所亟待建構的理想的華人新形象，也將是邁向廿一世紀的海外華人社會所要努力的共同目標。

（原載《南洋學報》（新加坡南洋學會出版），第 45、46 卷合輯，1990-1991）

註1：陳獨秀，〈隨感錄〉，《新青年》，八卷四期（1920年1月12日），頁635。

註2：李長傅，《中國殖民史》，台北商務印書館，1970年3月台二版，頁225。

註3：馬建忠曾以隨員名義兼法文翻譯身份同行。參閱陳三井，〈略論馬建忠的外交思想〉，《中央研究院近史所集刊》，第三期下冊（1972年12月），頁544。

註4：李長傅，前引書，頁226。

註5：吳雲，〈旅法華人近五十年之奮鬥生活〉，《東方雜誌》，二十五卷八號，頁25。

註6：陳三井，《華工與歐戰》，中央研究院近史所專刊五十二（1986年6月），頁5-6。

註7：陳三井，前引書，頁136-148。

註8：請參閱陳三井著，《勤工儉學的發展》，台北，東大圖書公司，1988年4月。

註9：《歐洲雜誌》，第一期（1965年5月1日），創刊的話，頁4。

註10：同上，創刊的話，頁3。

註11：同上，創刊的話，頁3-4。

註12：陳三井，〈歐洲華人學會與歐華學報〉，《漢學研究通訊》，三卷一期（1984年1月），頁53。

註13：〈歐洲華人學會章程〉，《歐華學報》，第一期（1983年5月），頁156-158。

註14：〈歐洲華人學會成立〉，《歐華學報》，第一期，頁2。

註15：〈歐洲華人學會籌組經過〉，《歐華學報》，第一期，頁151。

註16：梁啟超語，見〈適可齋紀言紀行序〉，馬建忠，適可齋紀言紀行（台北文海出版社影印）。

註17：瘂弦著，〈走向世界──讀《美國華人譜》的感思〉，田新彬編，《負笈歲月》，台北方智出版公司，1988年11月，頁2-3。

註18：陳福，〈華人在新加坡經濟發展中的角色〉，邢國強編，《華人地區發展經驗與中國前途》（台北，國際關係研究中心出版，1988年7月），頁185。

註19：台北，《大成報》，1990年7月14日，4版。

註20：凱斯、李奇伯著，鄭亭節譯，〈亞洲的猶太人〉，《中國時報》，人間副刊，1988年4月8日。

註21：同註17。

註22：這是1990年8月8日中國大陸與印尼簽署備忘錄正式復交，兩國政府所提的要求。見台北中國時報，1990年8月9日，1版。

註23：郭力昕，〈封閉的社區，懵懂的記者──從一則電視專題報導談起〉，中時晚報，時代副刊，1990年8月29日，15版。

「一生為中國」的法國紀業馬將軍

生平簡介

紀業馬（Jacques Guillermaz, 1911-1998）將軍，綜其一生，他是一位職業軍人（砲兵軍官，曾任法國駐華武官）、政治軍事觀察家、業餘外交官（曾參加1954年在日內瓦召開之印支問題會議的法方代表團；1964年中法斷交，曾陪同法國前駐華大使貝志高General Pechkoff，來台北晉見蔣總統）以及命中注定的近代中國史專家（曾先後出版《中華人民共和國》、《中國共產黨史》、《中國共產黨當權》三本專著以及回憶錄《一生為中國》等書）。這四種不同的身分，或多或少都與中國結下不解之緣。註1

本文大體以其回憶錄為中心，並參考其他相關著作而寫成。本文所要探討的不是一個純粹外籍顧問與近代中國的關係，而是從不同的角度或更寬廣的視野，觀察一個與中國事務接觸超過半世紀之久、經驗豐富的外國專家，對中國的印象，在面對近代中國內亂外患巨變下所提供的歷史見證，與中國政治人物交往的點點滴滴以及「心繫中國」（China Bound）註2，無怨無悔，為中國出力的另類服務。

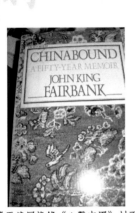

費正清回憶錄《心繫中國》封面

年輕武官紀業馬

在中國的歲月

紀業馬將軍自1937年5月，以二十六歲之英年，奉調至北平法國駐華武官處服務，至1966年10月離開大陸，斷斷續續前後在華服務逾十年。據其自述，他經歷過三個中國，即（1）1937年仍具軍閥割據形式的中國；（2）領導八年抗戰的國民政府；（3）1949年以後執政當權的共產中國。當然，也還可以加上1940年至1945年的汪偽政權。

紀業馬到華後，曾聘請老師認真學習漢語，又因職務上的需要與方便，足跡幾乎遍及中國大江南北，甚至塞外；不僅研讀有關中國傳統的書籍，而且熟悉當代中國各地的民情風俗；不但與上層社會往來，也與下層一般民眾有所接觸，所以他對中國的觀察應屬多面向而且比較深入的。

（一）對北京的印象

他先後在北京、南京、重慶待過，但似乎對北京的印象最深，觀感也最

具代表性。他說：「北京不超過八百萬人口，幾乎老北平人所講的，都是喉音重、音量甚高的中國話，並以謙恭有禮、幽默、固守舊有習慣而著稱，生活顯得喧鬧而快樂。當然，不幸與苦難常伴隨著富足而至。因季節的不同，泥漿與灰塵有時亦布滿大街小巷。有些地區更與令人作嘔的水溝和池塘為鄰。乞丐成群，結幫麕集。……但整體而言，與上海、天津、漢口不同，北平因是個歷史古城，沒有現代社會的緊張氣氛，似乎仍生活在另一個年代的節奏裡！」註3

（二）對中國人的評價

紀業馬在中國，不只和法國人見面，也與英美同僚有來往，當然也無法避免的要和中國人打交道。我們再看看他對中國人的觀感，他這樣寫道：「北平讓我們喜歡中國人。老實說，對他們的觀感，多少夾雜一種充滿同情與捉弄心理的矛盾。正如中國歷史比我們還古老個二、三千年，其文明讓我們著迷，而他們的世界則尚未到達，甚至可能永遠無法到達成熟的年紀。同時，他們的智慧，他們的幽默感，他們面對逆境所顯出的堅忍，他們的講求現實以及通情達理（bon sens），都促使我們給予很高的評價，而不在意他們的若干缺點。……有人說：『一位日本人丟面子時，他會切腹自殺；若是中國人，他只改變話題。』但日本人看起來比較捉摸不定（indechiffrables），而且比較多愁善感而殘暴，加上民族野心的關係，可能更具危險性，隨之而來的侵華戰爭可以獲得證明。」（頁38-39）

（三）對新中國的解剖

從歷史宏觀的角度，透過中外的比較，紀業馬對中國也有一番

剖析。他認為，中國自兩千或近兩千年以來，便以世界中心自居，以文明世界自況，類似古代羅馬帝國因而產生一種傲然於世的幻覺。鴉片戰爭所簽訂的江寧條約，正好將情況反轉，繼之而來的是百年的屈辱。至於毛澤東建國以來的新中國會不會重蹈拿破崙的「覆轍」——「讓世界戰慄」，紀業馬對中國的未來提出兩點觀察：

（1）令人放心的因素

1. 中國自古以農立國，是以土地農耕為主、愛好和平的民族，自然較少具有暴力的傾向；

2. 中國代代相傳的是一種士族文化，視戰爭為凶險邪惡之事；

3. 一旦中國控制了人口成長，其豐富的資源得以開發，中國人便會在自然疆域內安居樂業。

（2）令人不安的因素

1. 面對外在世界所持有的一種錯綜複雜情感；

2. 一種易受激怒和極端性的民族驕傲；

3. 一種與生俱來潛伏性、間歇性的種族歧視——始自以「天朝」、「華夏」為中心的認同意識，終因受挫於西方所投射出的反應。

與中國結緣

（一）巨變下的歷史見證

紀業馬是個軍事觀察家，舉凡從抗戰到國共和談，乃至大陸淪

陷，都有精闢過人的看法。

（1）評八一三淞滬戰役

七七盧溝橋事變後，國軍在戰略上主動選擇經濟中心、國際都市、能影響視聽之淞滬地區，作最英勇、最頑強、最壯烈之抵抗，並誘使日軍以東戰場為主戰場，作戰線由自北往南改為由東向西，且與日軍僵持三個月，粉碎了敵人「三月亡華」的夢想。[註4]

但看在紀業馬眼裡，卻認為中國政府此舉犯了政治與軍事上的雙重錯誤。

就政治上言，蔣介石自然不可能不經抵抗再把中國最富庶、人口最稠密的地區拱手資敵；但若把日本引到權力的心臟地帶，一旦戰爭完全潰敗，豈非以西南各省本已不穩定的忠心作孤注一擲？

就軍事上說，面對敵軍武器上的優勢，中國採取的是一種防禦性、靜態式的長期抗戰態勢，但中國最高決策當局似乎沒有考慮到，日本可以從後方以飛機空降或海軍登陸的可能性。在敵人海空軍主宰絕對優勢下，這種空降或登陸不僅有可能，而且大有可能。另一方面，國軍在當時撤退之際並未採取有條理、有方法的準備措施。（頁59-60）

（2）論蔣與史迪威衝突

史迪威使命是第二次大戰期間，中國對內對外關係最鮮明的一章。蔣、史對決，代表兩個個性最頑固者的對決。蔣的考慮，多半從政治的角度；史迪威則不超越軍事的考慮！（頁101）

（3）對抗戰的總觀察

1. 抗戰期間，由於軍事行動、動員要求加上經濟波動，都直接衝擊到廣大的鄉間，所以激發全國性的民族情感。

2. 八年抗戰，發展且強化了毛澤東手中的政治機器；相反的，由於戰爭所造成的流離失所、通貨膨脹，卻削弱了中央政府現有的政治、經濟、軍事機器。

3. 經過八年的戰亂，人民（特別是城市居民與智識分子）厭戰（內戰），望治心切，復有中間小黨鼓吹聯合內閣，大家對國民黨的腐敗有近距離的切膚之痛，對共產黨的禍害卻有如天邊雲彩般遠不可測，於是有人喊出「煮豆燃豆箕，相煎何太急」、「自己人不打自己人」的口號，致有後來情勢的重大變化。（頁145）

（4）美國與國共和談

無論馬歇爾將軍（General Marshall，偉大的軍人，平凡的政治家）或司徒雷登大使（Stuart Leighton，溫和的教育工作者，卻身不由己迷失於外交叢林），甚至華盛頓當局，都全不瞭解國共持續鬥爭二十年無法平息的癥結所在。他們真誠的相信，共產黨可以誠實的把玩憲政遊戲，並逐漸與自由民主制度融為一體。他們同樣認為，國民黨可以洗心革面，真誠的走向民主自由之路。時間與議會制度的實施將解決一切。這完全忽視過去中國政治生活的本質，而且以西方評斷中國。

（二）與中國政治人物交往

紀業馬在中國服務，因工作上的關係，不可避免的要與中國各式各樣的政治人物交往。這類交往大抵可以分為以下三類，因篇幅所

限,每類僅能挑選較有代表性的二至三人,作為說明。

(1)舊氏軍閥

晚年卜居北平什錦花園的吳佩孚(1874-1939)是紀業馬所認識的第一個軍閥,曾在法國大使館舉行酒會時有過一面之緣,以後直至1939年12月4日吳氏因齒疾去世,紀業馬除參加公祭送殯外,兩人並未再謀面。

「個子短小,身穿長袍馬褂,戴一頂鑲有布扣的黑色圓帽,圓臉上並不蓄長鬍鬚遮面,一點不似軍事強人或封建暴君」,這是紀業馬對這位允文允武、政治手腕靈活、曾被貼上「親英」標籤的「秀才」軍人的初步印象。(頁39)

在紀業馬筆下,對馮玉祥(1882-1948)這位「基督將軍」著墨不多,但並無多大好感。兩人似未曾見面,但惡感來自兩方面。

1. 1924年9月,第二次直奉戰爭爆發,馮部趁機倒戈,發動「首都革命」,驅逐清遜帝出宮,被認為是軍閥中最殘酷者。

2. 與吳佩孚、閻錫山相比,在政治上翻雲覆雨,虛偽做作。

有「模範都督」之稱的閻錫山(1883-1960),在南京陷共前,曾接受紀業馬的訪問。在紀業馬的眼中,當時的閻錫山已不再是一個想像中具威嚴有果斷的政治人物,而是一個光環幾乎褪盡脆弱而矮小的老翁。不過,談起剿共戰爭,他卻以堅定的口吻表示,山西必抵抗到底,他個人一定堅持到最後。幾星期後,國民政府任命他為行政院長兼國防部長,保住了他的顏面。

紀業馬對閻錫山在德國與日本顧問幫助下,治晉政績表示相當程

度的肯定。至於他時而與蔣介石合作，時而與蔣唱反調，紀業馬曾引用法哲聖西蒙（Comte de Saint-Simon, 1760-1825）評斷薩伏衣公爵（Duc de Savoie）的話說：「公爵大人在他發動的陣線中，永無休止的作戰，而一旦冒險的事來臨，他就頻頻改變陣線。」（頁193）言下之意，這未嘗不是閻氏個人政治生命的某種寫照。

（2）國民政府人物

宋子文（1894-1971）於1947年在廣州擔任省主席時，紀業馬為與他商談在中越邊界的一項共同軍事行動而見面，他對宋的印象是：「高大有活力，圓臉，看起來比實際年齡輕，舉止端莊，具美國式禮貌，這位哈佛暨哥倫比亞大學畢業的銀行家講英語比中國話流利」。（頁181）

紀業馬在重慶時，交談最多的是在中美聯合參謀本部任職的楊宣誠與俞大維（1897-1993）。他對俞大維的印象是：愛說話，聰明，智慧火花四溢，對德國軍隊有深入的瞭解，崇拜隆美爾（Erwin Rommel, 1891-1944）將軍，其軍事見解受西方人肯定。（頁83）

紀業馬與蔣介石的接觸自然也不少。為中法斷交事來台的艱困任務，筆者已另文撰述，[註5] 此處不贅。這裡比較值得一敘的是，他對蔣的看法。綜觀全書，與一般西方人大異其趣的是，紀業馬對蔣並無指責批評之詞，認為他是中國抵抗外侮生動而有力的象徵；他在討伐背叛的敵對者的決心以及抑制若干地方軍頭的野心兩方面，則始終正直一貫，絕不妥協。（頁91）

（3）共產黨人物

在抗戰初期，法方在政策上甚少與中共人員來往，維琪政府時代的中立性與意識形態，亦不便如此。在自由法國成立後，為了蒐集情報，瞭解中共的性質與情況，個別飲宴式的接觸才開始。1945年10月紀業馬重回中國後，經常受到周恩來及其合作者的邀宴，有較多的酬酢往來。

紀業馬首先認為，接受由周恩來這樣一位傑出的外交官兼宣傳家所領導的中共代表團駐在重慶，無疑是國民政府一項最嚴重的失策。因為由於對政府措置的不滿，外國通訊社與記者無不急於與中共建立正常的接觸管道，而中共不管設在嘉陵江上紅岩村或市區的辦事處，都提供了容易接近的方便。《新華日報》和其他的出版品，儘管受到警察的查禁，照樣可以風行幾個大城市。經過萬里長征後，世界重新知道，中國有一個積極、戰鬥力強、愛國的共產主義運動存在著，而其帶有社會主義色彩的計劃看來既溫和又寬大。

紀業馬對周恩來極為推崇，在日內瓦談判時期，兩人再度碰面。紀業馬形容周恩來年輕、英俊，有古代中國潘安之貌，處處展現輕柔。對周恩來談判技巧的靈活，紀業馬提出兩點看法：一是周本人曾部分受教育於歐洲，在面對西方的談判者時，比較輕鬆自在；一是西方的交談者看到的只是一個舉止合宜並與現實主義若合符節的國務總理，而不盡瞭解他過去血腥的革命歷程。（頁102、247）

對於曾經參加留法勤工儉學的一批中共黨人，如周恩來、陳毅、陳雲、聶榮臻等，紀業馬對他們也有一些批評：1.法文不好──懷疑他們沒有好好學習法文；2.法國在他們身上沒有留下多少記號──這些人雖曾生活在法國，就像許多西方人生活在中國一樣，僅觸及一個

社會而沒有真正投入。他們在法國有特定的華人生活圈，所以不懂法國政黨，甚至法國的工人世界；一旦回到自己的故國本土，又重拾舊日的習慣。四十年之後，法國在他們的模糊記憶中，只是一片片褪了色的影像而已！

（三）另類服務：為中國出力

紀業馬將軍雖是外國武官，而非中國政府禮聘的外籍顧問，但基於對中國的感情和與中國人交往的友誼，也曾在一些不同的場合，或多或少為中國出過力，提供另類服務。茲說明如下：

（1）軍事合作計畫

中法軍事合作計畫是兩國之間的重大課題。紀業馬身為法國駐華武官，經手並參與商談軍事合作計畫必多，但綜觀其回憶錄，卻只概略的提到兩件，顯見他並不清楚細節，或許有更高層次的官員於巴黎直接商談進行。

一次是抗戰期間，法國空軍飛行員的派遣來華，雖然有俄國方面約五十架飛機與飛行員的派遣以及國際志願隊的徵募，但中國空軍還是因大戰補充不及而迅速減低戰力。由於日本要求召回德國顧問，遂由法國組織一個包括七位軍官的小型顧問團，由飛行將軍Berger率隊於1939年4月抵華，以取代德國顧問。（頁93）

一次是政府遷台之後中法斷交之前，紀業馬銜命於1953年3、4月間來台，分別與行政院長陳誠、陸軍總司令賴名湯（原書有誤，應為孫立人）、空軍總司令周至柔、海軍總司令桂永清、立法院長張道藩、僑務委員長鄭彥棻等人見面，共商如何以留駐中南半島的國軍人

員，假道北越滲透進大陸策反。後來法方既擔心遭到牽累，又怕引起北京反彈，遂致計劃胎死腹中。（頁237）

（2）Jean Escarra 的使命

愛司加拉（Jean Escarra）教授是名法學家，1942年1月經由自由法國戴高樂將軍的派遣，到重慶擔任中國政府的顧問。透過國民黨秘書長吳鐵城（而非外交部長，法方認為熱誠不夠）與愛司加拉於1942年1月22日簽訂一項秘密協定，法方可以派遣一個四人訪問團（包括一位代表、一位軍官、一位秘書、一位報社特派員）來華，其名單是：

代表──Andre Guibaut

軍官──Colonel Tutenges

報社特派員──Jacques Fischbacher

訪問團的首要任務是從法租界或中南半島蒐集情報，並企圖在中南半島建立一個通訊網，但後者擱淺了。（頁105）

結語

紀業馬將軍在法國以外的國家，不像費正清（John K. Fairbank）那麼有名；他雖然與中國結緣，「一生為中國」，但對中國的影響力也不似若干外籍顧問那麼大。他的可貴處，就像費正清一樣，留下一本以中國為題材的回憶錄，

《一生為中國》封面

並提供另類的看法。

　　做為業餘的外交官，紀業馬所能揮灑的空間有限，所能發揮的影響力恐怕也不大。倒是作為軍事觀察家，他對近代中國和亞洲的變局，留下一些真知灼見，令人佩服。這位享有盛譽的中國問題專家和中共史專家，透過他的經驗研判，很早就預知國民政府蔣介石政權在大陸的崩潰，並預警法國當局在中南半島影響力的消失。這種識見，應非事後諸葛，而是熟讀史書，善觀情勢，以史為鑒所得出來的結果。

（原載《近代中國》，第 19 期，頁 65-72，1997 年 6 月）

註1： 許文堂，〈學人簡介——紀業馬〉，《近代中國史研究通訊》，第12期（1991年9月），頁56-60。

註2： John K. Fairbank, China Bound: A Fifty-year Memoir （Harper & Row, 1982）；黎鳴、賈玉文等譯，《費正清自傳》，天津人民出版社，1993年8月。

註3： Jacques Guillermaz, Une Vie Pour la Chine, Memoires, 1937-1989 （Paris, Robert Laffont, 1989），p.24.

註4： 陳三井，《近代中國變局下的上海》，台北，東大圖書公司，1996年8月，頁128。

註5： 參閱陳三井，〈中法斷交前的一段外交祕辛〉，收入拙著《近代中法關係史論》，台北，三民書局，1994年1月。

《法蘭西驚艷》圖片來源

李石曾與巴黎沙龍

高貴的沙龍女主人

《沙龍，失落的文化搖籃》封面，斐蓮娜‧封‧德‧海登—林許
原著，張志成譯

高乃伊在朗布葉夫人的沙龍朗讀其劇作

同上

吉奧弗林夫人所主持的沙龍

同上

世界社的成立與內涵及其精神

民國二十二年十月十五日，世界文化合作中國協會常務委員會議在世
界社大樓文協會臨時辦事處舉行，中坐者：蔡元培，其左：吳敬恆、
韋爾登（法國駐華公使，列席）、李石曾，其右：張人傑、陳和銑、
莊文亞。

《近代中國》第16期

李治華和他的翻譯世界

李治華近著《里昂譯事》

《里昂譯事》封面

中年時期的李治華

《僑協雜誌》104期

李治華與夫人雅歌

《僑協雜誌》104期

世紀映像叢書

世紀映像叢書

世紀映像叢書

國家圖書館出版品預行編目

法蘭西驚艷 / 陳三井著. -- 一版. -- 臺北
市：秀威資訊科技, 2008 . 01
面； 公分. --（語言文學；PG0175）

ISBN 978-986-6732-76-8（平裝）

1. 旅遊文學　2. 遊記　3. 法國

742.89　　　　　　　　　97001852

 語言文學　PG0175

法蘭西驚艷

作　　者 / 陳三井
主　　編 / 蔡登山
發 行 人 / 宋政坤
執行編輯 / 黃姣潔
圖文排版 / 莊芯媚
封面設計 / 李孟瑾
數位轉譯 / 徐真玉、沈裕閔
圖書銷售 / 林怡君
法律顧問 / 毛國樑　律師
出版印製 / 秀威資訊科技股份有限公司
　　　　　台北市內湖區瑞光路583巷25號1樓
　　　　　電話：02-2657-9211　傳真：02-2657-9106
　　　　　E-mail：service@showwe.com.tw
經 銷 商 / 紅螞蟻圖書有限公司
　　　　　台北市內湖區舊宗路二段121巷28、32號4樓
　　　　　電話：02-2795-3656　傳真：02-2795-4100
　　　　　http://www.e-redant.com

2008 年 1 月　BOD 一版
定價：350元

讀　者　回　函　卡

感謝您購買本書，為提升服務品質，煩請填寫以下問卷，收到您的寶貴意見後，我們會仔細收藏記錄並回贈紀念品，謝謝！

1.您購買的書名：＿＿＿＿＿＿＿＿＿＿＿＿＿＿＿＿＿

2.您從何得知本書的消息？

　　□網路書店　　□部落格　　□資料庫搜尋　　□書訊　　□電子報　　□書店

　　□平面媒體　　□　朋友推薦　　□網站推薦　　□其他＿＿＿＿＿＿

3.您對本書的評價：(請填代號　1.非常滿意 2.滿意 3.尚可 4.再改進)

　　封面設計＿＿　版面編排＿＿　內容＿＿　文/譯筆＿＿　價格＿＿

4.讀完書後您覺得：

　　□很有收獲　　□有收獲　　□收獲不多　　□沒收獲

5.您會推薦本書給朋友嗎？

　　□會　□不會，為什麼？＿＿＿＿＿＿＿＿＿＿＿＿＿＿＿＿

6.其他寶貴的意見：＿＿＿＿＿＿＿＿＿＿＿＿＿＿＿＿＿

　　＿＿＿＿＿＿＿＿＿＿＿＿＿＿＿＿＿＿＿＿＿＿＿＿＿

　　＿＿＿＿＿＿＿＿＿＿＿＿＿＿＿＿＿＿＿＿＿＿＿＿＿

　　＿＿＿＿＿＿＿＿＿＿＿＿＿＿＿＿＿＿＿＿＿＿＿＿＿

讀者基本資料

姓名：＿＿＿＿＿＿＿＿＿　年齡：＿＿＿　性別：□女　□男

聯絡電話：＿＿＿＿＿＿＿　E-mail：＿＿＿＿＿＿＿＿＿

地址：＿＿＿＿＿＿＿＿＿＿＿＿＿＿＿＿＿＿＿＿＿＿＿

學歷：□高中(含)以下　　□高中　　□專科學校　　□大學

　　　□研究所(含)以上　□其他＿＿＿＿＿＿＿

職業：□製造業　□金融業　□資訊業　□軍警　□傳播業　□自由業

　　　□服務業　□公務員　□教職　　□學生　□其他＿＿＿＿＿

秀威與 BOD

BOD（Books On Demand）是數位出版的大趨勢，秀威資訊率先運用 POD 數位印刷設備來生產書籍，並提供作者全程數位出版服務，致使書籍產銷零庫存，知識傳承不絕版，目前已開闢以下書系：

一、BOD 學術著作—專業論述的閱讀延伸
二、BOD 個人著作—分享生命的心路歷程
三、BOD 旅遊著作—個人深度旅遊文學創作
四、BOD 大陸學者—大陸專業學者學術出版
五、POD 獨家經銷—數位產製的代發行書籍

BOD 秀威網路書店：www.showwe.com.tw
政府出版品網路書店：www.govbooks.com.tw

永不絕版的故事‧自己寫‧永不休止的音符‧自己唱